Manuel de l'antitourisme

DU MÊME AUTEUR

L'Imaginaire voyageur ou l'expérience exotique, L'Harmattan, 2000

Anatomie de l'évasion, Homnisphères, 2005

Déraisons du monde, ACL, 2005

Dissidence de la Broussaille, ACL, 2007

La Vie au travail (avec des photographies de Christophe Huret), Éditions du Croquant, 2007

Manuel de l'antitourisme

Rodolphe Christin

LES ÉDITIONS
écosociété
MONTRÉAL

Coordination de la production : Anne-Lise Gautier
et Valérie Lefebvre-Faucher
Maquette de couverture : Christian Bélanger
Photographie : Benoît Blanchard
Typographie et mise en pages : Yolande Martel

ISBN 978-2-923165-57-8
ISBN 978-2-916209-36-4 (en France)
Dépôt légal : 1er trimestre 2010

LES ÉDITIONS ÉCOSOCIÉTÉ
C.P. 32052, comptoir Saint-André
Montréal (Québec) H2L 4Y5

Catalogage avant publication de Bibliothèque et Archives nationales du Québec et Bibliothèque et Archives Canada

Christin, Rodolphe, 1970-

Manuel de l'antitourisme

Comprend des réf. bibliogr.

ISBN 978-2-923165-57-8

1. Tourisme – Aspect social. 2. Tourisme – Aspect de l'environnement.
I. Titre.

G155.A1C47 2010 306.4'8 C2010-940100-X

Nous remercions le Conseil des Arts du Canada de l'aide accordée à notre programme de publication. Nous reconnaissons l'aide financière du gouvernement du Canada par l'entremise du Programme d'aide au développement de l'industrie de l'édition (PADIE) pour nos activités d'édition. Nous remercions le gouvernement du Québec de son soutien par l'entremise du Programme de crédits d'impôt pour l'édition de livres (gestion SODEC), et la SODEC pour son soutien financier.

TABLE DES MATIÈRES

J'évite les Blancs que déversent en masse les soutes des avions. Pourtant, j'aime les hommes, tous les hommes de la Terre. Mais je n'arrive pas à admettre leur suffisance, leur arrogance, leur perfection de pacotille. J'aime trop la vie sauvage. Cette vie au plein air, âpre, dure, violente, sans concessions. Mais où trouver son lieu, le lieu ? Ce pan de terre et de ciel où l'esprit soit enfin en paix.

Joël Vernet,
La Montagne dans le dos

S'il reste un secret, c'est à l'intérieur de l'âme qu'il se trouve, dans la longue suite de désirs, de légendes, de masques et de chants, qui se mêle au temps et resurgit et court sur la peau des peuples à la manière des épars en été.

J.M.G. Le Clézio,
Raga, approche du continent invisible

PRÉFACE

Rendez-vous à Pétaouchnock !

HUGO VERLOMME

TOUT A ÉTÉ SI VITE ! En quelques décades, nous sommes passés de l'émerveillement à la saturation. Hier encore, des jours de mer, de longues traversées à pied ou à cheval, étaient nécessaires pour découvrir des contrées exotiques et se plonger dans des cultures aussi étranges qu'étrangères. Le voyage se comptait alors en *jours* d'éloignement. On se trouvait à 30-40 jours de son port d'attache. Aujourd'hui les antipodes sont « en rayon » à quelques heures d'avion à peine. Bien tristes tropiques ! Stevenson disait : « Voyager plein d'espoir est mieux que d'arriver. » À présent on arrive sans plus voyager.

Tous, nous avons eu envie de partir sur les traces des explorateurs, bourlingueurs, voyageurs d'un autre temps ; au lieu de cela, nous nous retrouvons, tel du bétail, entassés dans des carlingues pressurisées et des aéroports aseptisés, tous identiques. Des millions de passagers sont vomis des avions et la planète finit par se diluer dans un énorme ketchup occidental saveur Internet. On brade même sans état d'âme les îles les plus lointaines.

D'innocents touristes, nous sommes devenus – sans doute malgré nous – de nouveaux missionnaires, les représentants VRP d'un autre modèle de société. L'avion impose sa loi. En quelques années, le tourisme est devenu *la première* industrie mondiale, devant l'agroalimentaire, l'armement, la pétrochimie, etc. Tourisme pratiqué par à peine 5 % des habitants de la planète…

Muni de ses sésames, passeport et carte de crédit, le touriste assoiffé visualise la planète tel un supermarché en libre-service. Antarctique, Kamtchatka, Bouthan, Kalahari, Galapagos, Cap Horn, à consommer de suite ! Tous ces lieux autrefois quasi inaccessibles s'ouvrent aujourd'hui sans effort à quiconque y met le prix. Nous sommes devenus des prédateurs sans même nous en rendre compte. Notre simple passage, mille et mille fois répété, finit par laisser un sillage bien visible. Une empreinte polluante, une captation des ressources, l'eau, l'électricité qui vont en priorité aux hôtels… Peu à peu, voyageur après voyageur, nous contribuons à l'effarante standardisation des populations, allant de pair avec la surpopulation, nous clonant à l'infini dans des vêtements, des images, tous similaires. Mêmes baskets, sacs à dos, costumes, caméras, télés, vêtements de sport, etc.

On peut dire que les voyages ont perdu leur charme lorsqu'on a commencé à choisir ses destinations *en fonction du prix du billet d'avion*, et non par désir de se rendre dans telle ou telle région du monde.

Un voyage se médite et se mérite.

Lorsqu'il fallait deux mois de traversée sur une mer et deux océans pour atteindre les îles du Pacifique, et autant pour le retour en Europe, les candidats étaient plus rares.

Ces distances inouïes, ces voyages interminables, cet éloignement vertigineux, ont contribué à forger des Gauguin et des Stevenson, des Cendrars et des Kerouac. Aujourd'hui de tels paradis demeurent accessibles toute l'année en quelques heures.

Le voyage n'est plus dans la distance parcourue ; des milliers de kilomètres ne sont plus une garantie d'exotisme. On retrouve ses voisins de palier à Bali. Quel peut bien être, au fond, l'intérêt d'un voyage touristique d'une semaine à l'autre bout du monde ? Un aperçu, un décalage, une vue tronquée ? Cela vaut-il les tonnes de vapeurs de kérosène déversées un peu partout sur le globe ? Les émissions de gaz à effet de serre ? L'oxygène brûlé dans l'atmosphère ? Tout ça pour ça…

Une semaine de randonnée en pleine nature française, au cours de laquelle on parcourt quelques dizaines de kilomètres à pied, ne peut-elle aussi procurer cette formidable impression de dépaysement tant recherchée ? Et que se passerait-il si tous les habitants du monde pouvaient voyager à leur gré ? Quel en serait le coût écologique, social, culturel ?

Il est vrai que les billets d'avion bradés ont de quoi donner le tournis ; on peut s'envoler quelques jours aux tropiques pour une poignée d'euros. Mais il faut raison garder. Le monde n'est pas un self dans lequel on peut pignocher en chargeant son caddie de destinations-produits. Certains de ces touristes ne savent même plus exactement dans quel pays ils se trouvent ; qu'importe, d'ailleurs, ce qui compte n'est-ce pas le soleil et les cocotiers, la sacro-sainte carte postale du bonheur ? « Les touristes ne savent pas où ils sont allés. Les voyageurs ne savent pas où ils vont », commente l'écrivain-voyageur Paul Théroux.

Le vrai voyage n'est-il pas dans l'aller simple ? Se laisser embarquer au gré des routes terrestres, ferroviaires, maritimes, bifurquer lorsqu'on ne s'y attend pas. Éloge de la lenteur. Bonheur ineffable de se trouver en transit, en mouvement, entre deux points. Éprouver physiquement la distance, découvrir l'entre-deux, se retrouver à Pétaouchnock...

De toute évidence, un voyage devrait être proportionnel au temps qui lui est imparti ; il s'inscrit dans la durée, plus encore que dans la distance. Et puis notre Terre a beau sembler gigantesque, elle n'en est pas moins minuscule. Il y a quelques siècles à peine, les cartes s'arrêtaient aux *terra incognita*. Aujourd'hui nous en sommes aux images satellite qui rendent visibles à tous les moindres recoins de la planète, livrée nue à nos yeux impudiques. Des millions de touristes défilent, chenilles processionnaires, vers les hauts-lieux de la planète : îles, plages, jungles, montagnes, déserts, icebergs, lieux saints... Certains de ces joyaux deviennent lieux de foule par la grâce de l'avion-taxi.

Tout s'est joué avant et pendant la Seconde Guerre, lorsque les paquebots qui traversaient l'Atlantique de plus en plus vite (3-4 jours pour le *Normandie*), ont compris qu'ils ne pourraient jamais concurrencer l'avion. Comme l'écrit Paul Morand en 1944 dans ses *Excursions immobiles* :

« Le *Normandie* ne sera jamais remplacé. L'avion de transport lourd aura fait de tels progrès pendant cette guerre, que le paquebot ne pourra plus le rattraper, ne cherchera même plus à gagner une bataille désormais perdue. » À cette époque déjà, le voyage maritime, la voie royale, est KO debout. « L'avion-tramway, l'aviontrain-de-plaisir, l'avion-fin-de-semaine, devront tôt ou tard entrer dans nos mœurs», insiste Paul Morand. Dès les années 1960, les premiers vols «charters» font leur apparition; d'un coup les distances sont enfin abolies. Il devient possible de pointer du doigt une destination sur la mappemonde… Le monde vous appartient, faites votre choix.

Le monde? Pas tout à fait, car tout bien considéré, le globe étant recouvert à 72 % par la mer, cela ne laisse *que* 28 % de terres émergées aux touristes terrestres que nous sommes. La mer n'est-elle pas «la dernière frontière»? Lorsque les voyageurs ont tout exploré et foulé aux pieds, des montagnes aux déserts, des jungles aux plages, n'est-il pas naturel pour eux de se tourner vers cet univers autrement grand, profond, puissant? Le succès des voyages en cargo, des croisières, du voyage maritime en général, reflète cette aspiration généralisée, ce désir de sortir du carcan des frontières terrestres. L'océan offre une autre dimension, quasi impossible à trouver ailleurs: être hors du temps et des frontières, n'est-ce pas là le vrai dépaysement? Mais la mer ne se contente pas de nous dépayser, elle qui monte à toute vitesse à l'assaut des terres, car elle redessine aussi nos cartes de géographie, submerge des îles, réinvente des golfes…

Alors oui, je rêve de voyages où le temps soit proportionnel à la distance, d'un monde où l'on peut cheminer en bonne compagnie, je rêve de longues traversées en mer sur des cargos à voile ou des paquebots de ligne à l'ancienne, je rêve aussi de dirigeables paisibles, d'un tunnel sous le Détroit de Behring entre la Sibérie et l'Alaska (ce qui permettrait de rallier Paris à San Francisco en train, par exemple), je rêve de lentes caravanes, de tentes et de yourtes, de longues routes accueillantes, de thé chaud au bord du chemin, d'escales improvisées, de paysages imprévus. Et finalement, à l'image de la vie, qu'importe la destination, pourvu qu'on ait l'ivresse du voyage !

***Hugo Verlomme,** écrivain, journaliste, spécialiste de la mer, a publié de nombreux livres et romans, dont le fameux* Guide des voyages en cargos *(6 éditions, nombreuses traductions).*

CHAPITRE 1

La mondophagie touristique

Qui aurait pensé, en votant le droit aux congés payés, qu'il était en train de créer l'un des premiers secteurs économiques du XXIe siècle?

Jean Viard [1]

Du droit au devoir de vacances

AU DÉBUT DES VACANCES POUR TOUS, en 1936, avec les victoires du Front Populaire et la loi du 20 juin sur les congés payés, ce fut une formidable libération, une explosion de couleurs. Une bouffée d'air frais après les âpres batailles sur le front du travail. Congés payés! Ainsi advint l'ère des heureux temps libres, qui deviendront le sésame du tourisme généralisé. Certains pensaient que ce serait un formidable moyen d'éducation populaire – et ce le fut; des salariés partirent à la découverte du monde, associant voyages et vacances dans une quête qu'on aurait pu imaginer forte d'impacts philosophiques.

Élisée Reclus en avait rêvé, lui aussi, dans le courant du XIXe siècle[2]. Le géographe-voyageur avait remarqué la

1. *Court traité sur les vacances, les voyages et l'hospitalité des lieux*, Éditions de l'Aube, 2000.
2. Cf. *Du sentiment de la nature dans les sociétés modernes et autres textes*, Éditions Premières Pierres, 2002.

mutation de la société française : de rurale, elle devenait industrielle et urbaine. Il notait également que ces hommes et ces femmes sortis de la ruralité pour se concentrer dans les villes et les usines allaient devoir retrouver cette nature perdue dont ils éprouveraient le manque. Par conséquent, ils la protégeraient, cette « nature ». Bien sûr. Cela allait forcément de soi, puisqu'elle deviendrait nécessaire à leur équilibre. Ces déracinés seraient amenés à voyager pour retrouver cette part d'eux-mêmes ; la nature accéderait à une nouvelle importance, elle prendrait conscience d'elle-même. Le peuple apprendrait de la diversité du monde. Le voyage ne serait plus réservé à la seule aristocratie qui jusque-là parachevait la formation de sa jeunesse en l'envoyant faire un « tour ». Ce serait cela, aussi, ce fameux « progrès » pour lequel le penseur anarchiste combattit sa vie durant. Reclus croyait en effet aux promesses du Progrès, ce qui le rendait plus optimiste que nous.

Il fallut conquérir le temps libre nécessaire à ces excursions temporaires hors des murs du travail obligatoire. Des choses changèrent. Les nouveaux vacanciers accédèrent pour le plaisir à la diversité des peuples et aux beautés du monde. La technologie s'en mêla et de nouveaux moyens permirent d'avaler les distances. Les déplacements devinrent massifs. On parla, au fil du temps, de démocratisation des voyages, sans se rendre compte que, bien des années plus tard – aujourd'hui –, la démocratie deviendrait pour beaucoup soluble dans la consommation. Et le tourisme devint consommation, élément majeur du devenir-économie du monde.

Désormais, la libération initiale, devenue la norme, se fait oppressante : elle martyrise natures et sociétés humaines, opprime l'esprit des voyages et transforme l'hospitalité des lieux en prestations, les habitants en prestataires, les paysages en décors. Voilà où l'on est arrivé, la route continue. Jusqu'où ? S'il en est pour défendre le touriste, cet idiot du voyage[3], au motif qu'il ne serait pas si idiot que cela, c'est parce qu'il ne l'est pas encore tout à fait devenu. Cela ne saurait tarder, tant les promoteurs du secteur cherchent à lui ôter toute trace de lucidité et d'esprit critique. Pour cela, on le courtise, le distrait et le flatte, la main subrepticement tendue vers sa carte bancaire. Passer pour un crétin n'est jamais agréable; amour-propre et susceptibilité en prennent chaque fois un coup. Bien sûr, je n'échappe pas à la règle. C'est pourtant à cet instant qu'il faut se reprendre, avant que les choses ne deviennent irrémédiables; ce n'est jamais facile de sortir victorieux d'une bataille pour une cause perdue. Quand le déploiement touristique exige qu'on se pâme systématiquement devant lui, et chaque fois obtient ce qu'il veut, il convient d'émettre une critique, de faire un peu de bruit, de tousser par politesse devant la porte avant de cogner sur la machine, tant elle nivelle le monde au nom de son développement.

Faire du tourisme, désormais, ce n'est plus s'en aller faire un tour en bicyclette: un rouleau-compresseur convient beaucoup mieux.

Les faits et les chiffres sont là:

1. Le tourisme est la première activité économique mondiale; elle emploie 200 millions de personnes dans le monde, soit 8 % de la population mondiale, ce qui paraît bien peu relativement aux recettes engendrées : 733 milliards de dollars US en 2006, soit 2 milliards de dollars

3. Jean-Didier Urbain, *L'idiot du voyage*, Payot, 1993.

US par jour selon l'Organisation Mondiale du Tourisme (OMT[4]).

2. Une activité en croissance: selon l'OMT, le nombre de déplacements internationaux a connu 6,5 % de croissance annuelle entre 1950 et 2006 ; une forte expansion en perspective : si les prévisions disent vrai, en 2020 le nombre d'arrivées de touristes internationaux devrait passer à 1,6 milliard, contre 846 millions en 2006.
3. En 2006, les transports se partageaient de manière presque égale entre transports aériens (46 %) et terrestres (47 %). Parmi ces derniers, la route (avec 43 % des usages) l'emportait largement sur le rail (4 %). Seulement 7 % des arrivées se faisaient par la mer.
4. En 2006, la France, puis l'Espagne et enfin les USA étaient les trois pays les plus visités du monde. Ce sont des pays occidentaux. La Chine arrive en quatrième position.
5. Un phénomène nouveau : s'il reste minoritaire, depuis 2004 le nombre de voyages lointains (entre des régions[5] continentales différentes) augmente plus fortement que les voyages à l'intérieur d'une même région. D'où le recours croissant aux voyages en avion, ce grand producteur de gaz à effet de serre. C'est dans ce secteur que se concentrent les perspectives majeures de la croissance économique du tourisme.
6. En 2006, les 5 nationalités les plus dépensières en voyage furent, par ordre décroissant, les Allemands, les Améri-

4. Cf. www.unwto.org
5. Ici le terme de « régions » désigne les grands ensembles continentaux que sont l'Europe, les Amériques, l'Asie et le Pacifique, l'Afrique, le Moyen-Orient.

cains, les Anglais, les Français et les Japonais. Autrement dit, le tourisme est un loisir de riches, car il faut être riche pour dépenser (c'est une évidence qu'il convient de rappeler). Or la majorité de la population de la planète est pauvre, sinon misérable.

7. C'est la raison pour laquelle les touristes ne représentent que 3,5 % de la population mondiale[6].

Ces chiffres inspirent un certain nombre de constats: Alors que le tourisme place indirectement une foule d'activités sous sa dépendance, entraînant des pertes d'autonomie socio-économique chez les sociétés d'accueil, les richesses qu'il crée ne font vivre directement qu'une faible part de la population mondiale.

Une faible proportion de personnes dans le monde dispose des moyens d'être des touristes. Comme l'automobiliste (80 % de la population mondiale n'utilise pas encore de voiture[7]), le touriste est un marginal destructeur. Loin d'être si généralisé que cela, le tourisme apparaît donc bien comme la pratique de celles et ceux qui disposent de suffisamment de ressources économiques pour jouir du monde sans entraves. Il est le luxe d'une minorité dont l'impact concerne une majorité, parce que cette minorité tente d'aller partout et que partout on cherche à attirer son *pouvoir d'achat*. Son pouvoir d'achat plutôt que sa bonne mine, n'en déplaise aux idéalistes.

Le tourisme reste pour quelque temps encore un loisir typiquement occidental: non seulement la grande majorité

---

6. Le lecteur pourra aussi se reporter au dossier de la revue *Offensive* n° 14, mai 2007, *L'Horreur touristique*.
7. D'après Pierre Gillet, *La Tyrannie de l'automobile*, Homnisphères, 2007, p. 26.

des touristes sont des Occidentaux, mais les pays les plus visités sont eux-mêmes des pays occidentaux. Pour être plus exact, disons que le tourisme est une activité *occidentalisée:* plus un pays adopte les standards occidentaux de développement, plus il devient propice à accueillir des touristes, et plus il en produit. Les Japonais nous visitent déjà, les Chinois viendront bientôt. Loisir d'une minorité dominante, le tourisme, souvent érigé comme un droit, un avantage acquis ou à acquérir, est devenu un devoir de vacances pour ceux qui veulent vivre dans la norme. Fort de son bon droit et de sa bonne conscience, le tourisme dessine un clivage subtil entre ceux qui ont les moyens de profiter du monde et les autres qui sont là pour les servir[8].

Mais profiter du monde ne revient-il pas à le consommer dans un frénétique élan de mondophagie ? Aujourd'hui, vu les quantités touristiques dévalant, modifiant, détruisant les espaces naturels et culturels, voici le touriste plus vampire que bienfaiteur de la diversité. Si l'industrie touristique vante la diversité du monde, elle la détruit d'un même élan. Parfois en passant par sa folklorisation, c'est-à-dire sa mise au « bon » format, puis sa mise en scène pour le plaisir du consommateur-spectateur. À tel point qu'il devient difficile de prétendre que le tourisme offre encore la diversité.

8. Le lecteur remarquera que j'aborde le tourisme comme s'il s'agissait d'un sujet autonome. Cet abus de langage est particulièrement adapté à la réification du phénomène, qui n'est plus considéré comme le résultat de changements sociaux, de volontés politiques et de finalités stratégiques. Réifié, il semble aller de soi et imposer partout sa nécessité comme s'il était une puissance incontournable, une sorte de fatalité.

Crise de parasitisme

Avec pour bagages les prétendues performances économiques du tourisme, indéniables pour ceux qui récoltent les profits, nombreux sont ceux qui vantent le tourisme comme levier vertueux de développement socio-économique pour les contrées plus ou moins préservées, à fort capital promotionnel.

Mais ce développement ne va pas sans indésirables revers, car les pollutions et les nuisances socioécologiques que ce tourisme engendre sont considérables. On songera évidemment aux massacres des sites à des fins d'aménagement, pour les rendre, dit-on, plus « accueillants ». Cela revient souvent à leur accoler, par exemple, des parkings sans intérêts flanqués de *snack bars*. Autant d'aménagements servant à gérer des flux de personnes – donc de véhicules – qui sans eux seraient paraît-il incontrôlables. En fait, ces aménagements transforment des lieux en produits, ni plus ni moins : en effet, une fois aménagé, mis aux normes, formaté, un site devient vendable, utilisable, au risque de ressembler à tout, et donc à rien. Les flux de visiteurs y sont parfaitement canalisés, cela aussi bien dans les parcs naturels les plus isolés que sur les routes thématiques sillonnant les campagnes ou les itinéraires historiques qui fleurissent dans les quartiers anciens des villes.

La « liberté » touristique doit demeurer une illusion. Le résultat de tout cela est le pilotage des flux et l'artificialisation des lieux, même si la publicité les passe sous silence car elle continue, inlassable, à en vanter l'authenticité.

Les pollutions ne sont pas seulement visibles, malheureusement. Le tourisme contribue également à l'effet de serre par les émissions de gaz qu'il engendre. Cette préoccupation ressort avec d'autant plus d'importance que les tendances montrent que, depuis quelque temps, les départs se font plus fréquents, pour des durées plus courtes et des destinations plus lointaines. D'où l'augmentation de la part des transports dans les activités touristiques. Et parmi les moyens utilisés, le recours à l'avion va croissant : « Au-delà de l'environnement, expliquent Ghislain Dubois et Jean-Paul Céron, le tourisme français et mondial, qu'il soit émetteur ou récepteur, dépend de plus en plus de la possibilité de faire voyager, à bas coût, des clients en avion. Cette équation simple est à la base de la croissance touristique des trente dernières années[9]. » L'avion aurait donc de beaux jours devant lui s'il ne déclenchait autant d'alarmes, malgré des indicateurs économiques pour l'instant positifs : 40 % de croissance en Chine, et, pour la Grande Bretagne entre 1990 et 2004, une croissance de 120 % du nombre d'usagers[10]. Pourtant l'impact climatique des avions est particulièrement négatif, avec un effet de réchauffement 2,7 fois supérieur à celui du seul dioxyde de carbone (dû au mélange d'air chaud et humide rejeté par l'avion avec l'air froid de la haute troposphère[11]). Ceci est plus qu'un détail lorsqu'on se penche sur l'impact du phénomène touristique.

Un détour sur le site internet de *Greenpeace*[12] montre comment la Méditerranée, par exemple, cette région ô

9. Ghislain Dubois, Jean-Paul Céron, « Transport aérien et tourisme international, changement de climat à venir ? » in *Espaces*, mars 2005 (consultable en ligne sur www.tec-conseil.com).
10. Cf. Ray Hammond, *Le monde en 2030*, Éditions Yago, 2008. En particulier son chapitre *De l'aviation*.
11. Selon George Monbiot, cité par Ray Hammond dans l'ouvrage précédemment évoqué.
12. Cf. www.greenpeace.org.

combien touristique, souffre du tourisme autant qu'elle en vit : « La Méditerranée concentre un tiers du tourisme mondial. Ce dernier constitue l'une des sources de revenus les plus importantes de nombreux pays méditerranéens. Il permet notamment à de petites communautés des zones côtières et des îles de subsister loin des centres urbains. Il n'est pas question de nier les bénéfices économiques qu'il représente pour la région. Cependant, il a joué un rôle majeur dans la dégradation de l'environnement marin et côtier. Le développement rapide et la construction d'infrastructures ont été encouragés par les gouvernements des pays méditerranéens pour répondre à la demande. Ce développement et cette surpopulation ont engendré de graves problèmes d'érosion et de pollution en de nombreux points du pourtour méditerranéen. Le tourisme se concentre souvent dans des zones où la nature offre les plus grandes richesses et constitue une grave menace pour les habitats d'espèces méditerranéennes en danger. »

Observons ces immeubles blancs qui réfléchissent la lumière, étalés en barres de béton sur une côte ocre de sécheresse. À leurs pieds circulent des allées bordées de lauriers roses. Par endroits, des sacs en plastiques apportés par le vent sont accrochés dans leurs branches. La mer est bleue, toujours bleue. Entre ces immeubles et la mer, s'étendent plusieurs dizaines de mètres de sable blanc, aveuglant. Vos pieds s'enfoncent. Le sable remplit vos chaussures que vous n'avez pas quittées car ce sable brûle vos pieds. Partout des corps dénudés s'exposent au soleil sans nuages. D'autres cherchent l'abri à l'ombre d'un parasol multicolore. Vous venez de trouver votre place, l'air sent l'huile solaire. Vous posez votre sac, vous étendez votre serviette. Où êtes-vous ? Sur la côte d'azur ? La Costa del Sol ? En Crête ou en

Tunisie ? Peu importe après tout. Que vous soyez sur un bord ou sur un autre de la Méditerranée, les grands traits du paysage sont identiques.

L'un des paradoxes du tourisme d'aujourd'hui est de tuer ce dont il vit, en véritable parasite mondophage. Celui-ci préfère le divertissement à la diversité ; le premier est en effet plus confortable car il ne remet rien en cause. Ainsi le touriste déclare son amour à cette planète qu'il visite dans ses moindres recoins, et, ce faisant, il contribue à l'épuiser impitoyablement. Il s'en doute pourtant, les médias commencent à le lui dire. Ainsi l'émission *C dans l'air* (France 5) titrait, le samedi 18 août 2007, *Pollution : le tourisme en question*, et indiquait en commentaires : « Ainsi, comme l'indiquent les chercheurs du Centre de Recherche Interdisciplinaire en Droit de l'Environnement, de l'Aménagement et de l'Urbanisme (CRIDEAU), le tourisme et les loisirs émettent environ 10 % des gaz à effet de serre produits par l'Hexagone. »

Bien entendu, l'Hexagone n'est pas seul en cause, le monde entier est concerné. Nos sociétés de travail et de loisirs produisent le tourisme dont elles ont besoin pour bénéficier d'un peu d'air. Or plus cet air est consommé, plus il est pollué. Tel est le drame du tourisme d'aujourd'hui, qui m'a inspiré ce petit livre à rebroussepoil, écrit pour les amoureux du voyage et du monde. J'en fais malheureusement partie, voilà pourquoi je me cogne à cette réalité que j'attaque dans ces pages, avec mes maigres moyens, au risque de m'agacer moi-même.

Chapitre 2

Tous touristes ! ?

« Ne laissez pas entrer les touristes », ont écrit quelques touristes de Salt Lake City. Touristes comme eux, nous approuvons de tout cœur.

Edward Abbey [1]

Une figure généralisée

Tous touristes ! ? Ce titre est volontairement ambigu. Et pointe déjà mon irritation, car il me concerne d'emblée. J'en fais quelquefois partie, de ces touristes, de moins en moins souvent j'espère. De ce titre, les apôtres du tourisme pour tous et partout, feront leur vœu pieu, au nom de l'accès généralisé aux joies de la consommation du monde. Mais pour l'instant, on a vu que toute la population du globe n'accédait pas aux pratiques touristiques, loin de là. Il faut être relativement riche pour cela. Mais cette pratique minoritaire a malgré tout des impacts sur la planète entière. Si bien que le tourisme, aujourd'hui, concerne bel et bien tout le monde ou presque. En outre le tourisme concerne tous les voyageurs de la Terre, du moins ceux qui voyagent pour le plaisir. Vous ai-je dit combien ce plaisir m'était agréable, malgré les contrariétés de plus en plus

1. *Désert solitaire*, Payot, 1995.

nombreuses ? Mon écriture aurait-elle vu le jour sans ces voyages ? Pas sûr.

Pour nous autres Occidentaux, il peut sembler saugrenu de remettre en cause ce lieu commun qu'est le tourisme. Il est si étroitement lié à notre mode de vie qu'il semble inconvenant de le critiquer. Cela reviendrait à critiquer tout un chacun, c'est-à-dire à délibérément se faire des ennemis. Voire même à s'auto-flageller, tant le phénomène est répandu, tant il concerne chacun d'entre nous. Nous sommes tous des touristes potentiels, en effet. Il suffit pour le devenir de quitter son domicile pour quelques jours de détente, *ailleurs*, histoire de souffler un peu, au bout de la route des vacances. Ah, ces quelques jours de temps libre qu'on aura réussi à sauver de notre débordant travail ! Et si jamais nous ne l'admettions pas de notre plein gré, ce serait l'homme du lieu, croisé au coin de la rue dans une contrée plus ou moins lointaine, qui habillerait notre figure d'étrangeté du statut de touriste. À défaut de l'être à nos propres yeux, nous sommes toujours susceptibles de devenir le touriste de quelqu'un d'autre.

Guyane, sur la berge du fleuve Oyapock. Sur l'autre bord commence le Brésil. Ce grand type un peu bavard revenait d'un périple en Amérique du Sud. J'étais venu ici pour étudier la frontière et son passage. Nous étions deux solitaires qui venions de nous rencontrer, dans ce village perdu au milieu de la forêt. Nous discutions de nos péripéties respectives – ces fameuses histoires de voyage dont on se plaît à être les héros – au bord de l'eau trouble et tranquille, lorsqu'un 4x4 s'arrêta devant nous, face au débarcadère qui servait de plongeoir aux enfants du coin. Deux couples en descendirent, caméras à la main, habillés en broussards sortis tout juste du magasin. Mon interlocuteur me lança :

« Regarde-les, ces imbéciles de touristes, t'as vu leur allure ? » Je répondis d'un sourire gêné, gagné par un trouble intérieur. Un détour venait subitement de s'imposer à mes yeux, un simple changement de perspective : nous, que représentions-nous aux yeux de ces nouveaux venus, à cet instant, tandis qu'ils sortaient de leur voiture et jetaient un regard sur le monde alentour ? Ce monde où nous devisions sous le soleil de l'Équateur qui calcinait nos peaux blanches. Des touristes évidemment.

Les touristes portent le poids de leur généralisation, c'est-à-dire de leur banalisation. Un triple poids en réalité. Poids économique : quelle aubaine de les voir venir, quel désastre de les voir partir ! Poids écologique : que de pollutions engendrées ! que d'aménagements destructeurs ! Poids culturel : l'Occident cessera-t-il un jour de se répandre, sûr de lui, aux quatre vents ? Cette pesée commence à se faire si bien sentir que certains culpabilisent de voyager et cherchent à moraliser cette déferlante multiforme. C'est ainsi que, depuis quelque temps, on parle volontiers de tourisme responsable, solidaire, écologique, tâtonnant sur la voie d'une « éthique » du voyage, volontiers paternaliste. Si, autrefois, le colon bon teint œuvrait pour le bonheur du monde colonisé par le Progrès, le touriste solidaire court le risque de faire de même. C'est aussi « par le don, remarque l'économiste Serge Latouche, et non par la spoliation (ou le pillage cher aux tiers-mondistes) que le Centre (le donateur, je précise) se trouve investi d'un extraordinaire pouvoir de domination[2] ». Il s'agit de ne pas l'oublier : qui donne tient. « Dans toutes les sociétés, poursuit Serge Latouche,

2. Serge Latouche, *L'occidentalisation du monde*, La Découverte, 1989, p. 47.

le donateur acquiert du prestige et devient créancier d'une dette de reconnaissance que rien ne peut annuler. Le néo-colonialisme avec l'assistance technique et le don humanitaire a fait beaucoup plus pour la déculturation que la colonisation brutale[3]. »

L'idéal serait donc que l'« autochtone » puisse se passer de nous ; pour cela il faudrait aussi que nous puissions nous passer de lui. Mais, voyez-vous, son « authenticité » nous enchante, ses richesses nous enrichissent, et le touriste solidaire, malgré toute sa culpabilité confuse, n'entend pas renoncer à tout ce dépaysement. Quand même ! La prétendue « générosité » de son porte-monnaie lui sert de justification pour poursuivre l'autochtone de ses assiduités. On peut toutefois se demander si, pour le touriste éthique de demain, le don extrême ne sera pas d'échanger – temporairement, bien sûr – son mode de vie contre celui de l'Autre, croyant renoncer un temps à ses errements. Lequel de ces touristes « bon ton » osera le premier franchir le pas en abandonnant sa position de supérieur économique pour une pauvreté temporaire librement consentie ? Il se pourrait bien qu'un tourisme de l'expiation économique émerge bientôt pour devenir la nouvelle formule de l'alter-tourisme. Ainsi soit-il.

Pour l'instant, la prétendue éthique des nouvelles pratiques touristiques permet de soigner la mauvaise conscience diffuse et le souci de distinction du touriste (« non, à présent je ne suis plus un touriste comme les autres, moi je voyage équitable ! »), sans remettre en cause son plaisir de voyager et son désir de jouir du monde. Le « consom'acteur » reste malgré tout un consommateur, il continue à

3. *Idem*, p. 90.

être défini par la consommation, donc par son porte-monnaie chéri. Il en va ainsi en matière de tourisme : les parties prenantes (notamment voyagistes et touristes) ne souhaitent pas compromettre cette activité à laquelle ils tiennent tant. Nombreux sont alors les marchands de circuits qui cherchent à rassurer leurs positions, et celles de leurs clients, en exhibant chartes et codes de bonne conduite, sans que cela change le fond du problème. Désormais voyager pose question. Une inévitable question.

Voyage, tourisme, tourismes

Voyage, vous avez dit voyage ? Mais que reste-t-il des liens entre tourisme et voyage, justement ? Le tourisme est un phénomène si général, si répandu, et nos voyages se voudraient si exceptionnels, si merveilleux, que ce désir voyageur s'affronte à la réalité touristique, qui banalise la pérégrination, lui ôtant son mystère, son goût de l'aventure, son opacité même. L'imaginaire aussi est touché.

Le voyageur recherche l'autre, l'ailleurs « authentique », « inviolé » de ses semblables, comme l'indique la quête de lieux de plus en plus éloignés… Et ses semblables sont partout, lui renvoyant sa propre image, même au bout du monde. Un comble !

Est-ce encore possible de s'oublier et d'oublier ses repères culturels, de sortir de ses familiarités, de devenir autre parmi cette ressemblance qui saute au visage ?

Le touriste, cet autre soi-même que le voyageur voudrait un moment oublier, ce touriste donc, devant lui où qu'il aille, signifie la ruine de son voyage, l'anéantissement de sa découverte. Dans ce face à face avec cet alter ego envahissant et dénié, le touriste retrouve les signes du même, contradictoires avec l'altérité recherchée. C'est comme si ce touriste défigurait l'exotisme des lieux qu'il est venu de si loin rencontrer. Alors tout est bon pour éloigner cet antihéros du voyage de son univers subjectif : le fuir en visitant des lieux que les touristes n'ont pas encore envahis. Le mépriser, prétendre ne rien avoir de commun avec lui. Ne plus voyager et prôner les vertus parfois douteuses du chez-soi, du territoire. Par tous les moyens s'en distinguer en imaginant des itinéraires insolites, en adoptant des moyens de locomotion peu courants, en multipliant les prises de risque, en publiant son récit, et, alors, pourquoi ne pas rouler des mécaniques du côté des « nouveaux aventuriers » et autres « écrivains-voyageurs » ? Autre solution : devenir un spécialiste des questions touristiques et endosser les habits du savant objectif qui ne saurait être du troupeau.

On le voit, les variations sur le thème sont nombreuses... Quoi qu'il en soit, il apparaît bien difficile d'oublier cette figure imposée, qui désormais adhère au monde dans ses grandes largeurs. Les touristes sont partout ! Ils menacent de leur présumée vulgarité ceux qui se voudraient des « aristocrates » du voyage... aristocrates comme furent justement les premiers des touristes.

Cependant ce souci de distinction sociale, s'il est bien présent, n'explique pas entièrement ce désir de différenciation. Pareil snobisme n'est que superficiel et vain. Derrière, par-delà, se tient autre chose, niché en germe dans l'intention voyageuse, éprise d'étrangeté, dehors, dedans. « Le voyage commence là où s'arrêtent nos certitudes », écrit Franck Michel dans *Désirs d'ailleurs*[4]. Georges Perec écri-

4. Franck Michel, *Désirs d'Ailleurs. Essai d'anthropologie des voyages*, Presses de l'Université Laval, 2004.

vait quant à lui : « Quelque part, je suis étranger par rapport à quelque chose de moi-même. Quelque part je suis « différent », mais non pas différent des autres, différent des miens[5]. »

Dans ce trajet intérieur, dans ce rapport modifié à soi-même mêlé d'un rapport modifié à autrui, se joue quelque chose d'important, d'invisible pourtant, qui travaille nos appartenances. Ce germe voyageur, en effet, tend à faire du voyage une matrice de transformations intérieures, une subversion de soi que le tourisme, par certains aspects, perd de vue mais, plus encore, interdit.

Pourquoi ?

Parce qu'il évolue trop souvent en *circuit* fermé alors que, justement, le voyageur aspire à une vie ouverte. Le voyage aspire à devenir voie. Une voie d'éveil à soi, aux autres, donc de respect de soi, des autres, humains et non-humains. Rien de moins. Si le voyage est philosophie, le tourisme est économie, autant que possible profitable. Le premier explore, le deuxième exploite. Et lorsque le deuxième prend l'avantage sur le premier, lorsque nos certitudes sont partout, véhiculées entre autres par les normes et les programmations touristiques, le voyage risque de disparaître en tant que possibilité objective. Car l'Autre et l'Ailleurs n'existent plus, drapés partout de signes de reconnaissance, affichant balises et pancartes pour devenir repérables. S'agit-il d'une disparition définitive ?

La pesanteur du tourisme se répand aux quatre vents de la mondialisation. Première industrie du monde, pour l'instant il ne cesse sa croissance. Le phénomène du *low*

5. Georges Perec, *Ellis Island*, cité par René Schérer, in *Utopies nomades*, Séguier, 1996.

cost rend les vols accessibles à un nombre de *clients* toujours plus important. On part moins longtemps mais plus souvent, et si possible en profitant d'une bonne affaire. Parfois, l'on sait à peine où l'on va, tant il fallait faire vite pour bénéficier de cette offre. La détente importe plus que la découverte, le service proposé parvient même à se substituer aux charmes de la destination. Certains, évidemment, se réjouissent de cette expansion, ou plutôt: ils s'en frottent les mains. Ce serait selon eux une preuve de l'efficacité du capitalisme, tout le monde y trouverait son compte. Ceux-là iraient même jusqu'à parler de « démocratisation » du voyage, réduisant, sans même s'en apercevoir, la dimension politique de l'être-ensemble à la seule consommation de masse. N'est-ce donc que cela, la démocratie: le devoir de consommer ?

Un contre-tourisme ne résiderait-il pas dans l'invention ou la réinvention de moyens de voyager pas trop cher, sans recourir à toutes ces offres émergeant sur le marché ? Sûrement... Ce serait résister à la mise en prestations (touristiques) du monde en recherchant la gratuité, l'échange de dons et de contre-dons... Pour ne plus endosser sans réfléchir les habits de touriste-consommateur qu'on tend à nous imposer où qu'on aille, et cultiver ces qualités voyageuses que sont la lucidité et l'attention, ces deux rivières de la conscience.

Est-ce si facile ?

Pas sûr, mais essayer vaut le coup. Jean Chesneaux, historien et politologue, écrivait que la différence entre touriste et voyageur tenait à l'autonomie de leur projet: « Le voyageur en profite pour regarder autour de lui, développer une culture du voyage, aller à la rencontre de l'Autre et de l'ailleurs – volontairement –, alors que le touriste est pris en général dans des rapports de consommation, des contrats commerciaux et des programmes de voyage qui contribuent à le ficeler[6]. »

Définir le tourisme n'est pas une mince affaire. Compte tenu de la prolifération du phénomène, mieux vaudrait désormais parler de tourismes au pluriel. En 1979, l'Organisation Mondiale du Tourisme définissait le tourisme comme un « ensemble de phénomènes de déplacement temporaire et volontaire lié au changement du milieu et du rythme de vie, et qui *devrait être lié à la prise de contact personnel avec le milieu visité, milieu naturel, culturel et social* ». Je souligne cette recommandation finale car elle montre comme les temps ont changé : le divertissement n'était pas encore mis en avant, la découverte *personnelle* lui était préférée. Le touriste pouvait alors ressembler au voyageur de Jean Chesneaux.

On peut aussi évaluer le phénomène touristique en nombre de nuitées passées hors du domicile pour des raisons non professionnelles, ou encore le qualifier en fonction de ses mobiles : tourisme de divertissement, tourisme d'aventure, tourisme culturel, tourisme industriel, tourisme gastronomique, tourisme nautique… Sans oublier, avec près de 200 000 adeptes dénombrés au début du XIXe siècle[7], cette tendance lourde que représente le tourisme sexuel, qui contribue à faire, pour paraphraser Franck Michel, de « l'horreur touristique » le dernier avatar de « l'horreur économique ».

6. Entretien avec Jean Chesneaux, in *Villes, voyages, voyageurs. Actes de la rencontre de Villeurbanne*, publiés sous la direction de Pierre Gras et Catherine Payen, L'Harmattan, 2005.
7. Selon l'Unicef, mentionné par Franck Michel, *Planète sexe*, Homnisphères, 2006, p. 121.

C'est dire que le tourisme contient une gamme d'intentions diverses et disparates, plus ou moins avouables ou glorieuses. Celles-ci vont du trek en Himalaya au séjour en « Parc Center », de la visite de Mickeyland à celle des caves languedociennes, des châteaux de la Loire aux largeurs océaniques, de la bourlingue en cargo au trajet aseptisé en avion, des musées de Londres aux bordels de Bangkok…

Mais encore : voyagez-vous sous le signe imaginaire de Phileas Fogg ou de Robinson Crusoé, ces deux figures tutélaires identifiées par Jean-Didier Urbain[8] ? Comme Phileas Fogg, préférez-vous courir, en touriste pressé et superficiel, les chemins du monde, genre tour du monde en 40 jours, ou bien séjourner en vase clos, tel un nouveau Robinson, dans ce complexe tout-en-un sur un rivage des Caraïbes ? Soit l'un, soit l'autre, ou bien une association des deux, toutes les combinaisons sont possibles. Et chacun chemine, endossant tour à tour ces formes, car si le voyage est archétype transpersonnel et transhistorique, le tourisme en est la tournure contemporaine (avec la migration qui chemine selon un autre destin, en quête d'une autre histoire). Le voyage a beau chercher l'échappatoire, il est devenu si difficile d'échapper aux organisations touristiques…

L'or du voyage menacé par le fric touristique

Désormais, donc, il y a *parfois* du voyage dans nos tourismes et *toujours* du tourisme dans nos voyages. L'or alchimique du voyage doit sans cesse composer avec le fric affairiste du tourisme. C'est une tournure de l'époque, elle s'impose, – à nous de passer outre. Ou du moins d'essayer.

---

8. Jean-Didier Urbain, *L'idiot du voyage*, Payot, 1993.

Il arrive malgré tout que, dans les tréfonds de notre psyché, le mythe du voyageur nous tenaille, car l'humain n'échappe pas à ses structures anthropologiques[9]. Alors l'imaginaire du voyage initiatique, transformateur de soi et découvreur d'univers, se heurte à la réalité du tourisme, laquelle apparaît tout d'un coup comme une réalité brouillée, défigurée. Comme une réalité de pacotille qui n'arrive plus à la hauteur de l'enjeu symbolique du voyage. Autant affirmer que cet enjeu symbolique est bien réel, pleinement actif; il cherche sa réalisation grâce à l'expérience du voyage qu'il motive. Et les déçus du tourisme, les « touristes-moi-non-plus » qui cherchent à tout prix l'évasion des routines, témoignent assez, de manière souvent confuse, de la persistance de cette quête, malgré les obstacles qui s'imposent à eux. Que reste-t-il comme conditions favorables, aujourd'hui, à la réalisation de cette expérience, à cet engagement singulier de l'être-au-monde que suppose le voyage ? Pas grand-chose malheureusement, faute d'un travail sur le *sens* même de nos pérégrinations.

Cependant écoutez-les raconter leurs périples…

On dirait que, toujours, de l'extraordinaire s'en mêle.

Plus que jamais, le voyage se raconte et se met en scène, il se projette en discours ou en textes. Il se dessine aussi, se récite en carnets, s'aligne en images, croquis sur le vif, diapositives et photographies numériques… Le récit fait partie de la mythologie du voyage, il dramatise ou enjolive les péripéties qui toujours, semble-t-il, valent la peine d'être mémorisées pour être racontées aux absents, à ceux qui

---

9. Cf. Gilbert Durand, *Les structures anthropologiques de l'imaginaire*, Bordas, 1969.

sont restés sur la rive, admiratifs, envieux ou bien trop… occupés pour partir.

La prolifération des publications de carnets de route et autres récits de voyages est un signe tangible – et lucratif – de cette volonté de raconter. Ce désir de dire met le monde en désir et rend son expérience désirable. Il est donc devenu un « business » comme un autre. La logique des affaires ne laisse rien au hasard.

Les Nicolas Bouvier et les Joël Vernet sont des écrivains rares, la plume aussi alerte que les semelles, avec l'humilité et la poésie comme bagages essentiels : le premier a attendu longtemps avant de connaître la consécration du grand public, le second, bien vivant, fait peu de bruit. Pour les écouter il faut tendre l'oreille, loin de ces auteurs et voyageurs de grand tapage comme l'époque en produit tant.

N'en avez-vous pas marre, vous, de ces « explorateurs » d'aujourd'hui, toujours plus « nouveaux » les un(e)s que les autres ? En parapente dans l'Himalaya, ou bien en train de « faire » l'Équateur sur un fil ou le pôle nord à genoux…, ils sont décidément partout.

Ce sont eux les touristes d'excellence, les éclaireurs d'itinéraires, auteurs de ce genre désormais si convenu, si codé qu'il en devient trop souvent monotone et rébarbatif : le récit de voyage. Ce pensum, avec de la chance et de l'entregent, consacrera ces gentilhommes – ou femmes – de fortune. Et même, peut-être, les rendra professionnels de l'imagerie du voyage. Ce couronnement fera d'eux des premiers de cordée médiatiques. Peut-être en entraîneront-ils d'autres dans leur sillage, excitant leurs rêves, ajoutant leur eau au moulin de la fantasmagorie voyageuse, entretenant la concurrence et nombre de phantasmes.

Ils n'ont plus rien du coureur de pistes un brin bourru ; ils connaissent au contraire toutes les ficelles de la communication et des mondanités. Ces néoaventuriers sont postés à la frontière entre le vacancier professionnel, hyperactif comme l'air du temps, et l'entrepreneur de projets lointains, toujours audacieux, exceptionnels, bien entendu. Avec parfois la tentation fugace d'endosser, selon l'opportunité, les habits de l'artiste bohème ou de l'écologiste militant... pour le développement durable, évidemment. Ils évoluent au croisement d'images contradictoires et consensuelles, et cette position ambiguë accentue la fascination qu'ils exercent sur le public. Ils cultivent le côté fun du vacancier et le sérieux de l'affairiste, maîtrisent l'art et la manière de se monter en épingle, histoire de conjurer les menaces de la banalité et d'attirer l'attention des financeurs et du public.

Leur prolifération – et celle de leurs produits (livres, films, conférences...) – renforce un troublant sentiment de déjà-vu, de mille fois entendu. Avec tous ceux-là, la boucle est bouclée, le tour est joué : c'est l'éternel retour de cette banalité mondaine qu'on essayait d'ignorer, qu'on aimerait oublier.

Toutefois il y a de l'or dans cette mise au monde que tout voyage contient en germe, dans cette vie qu'il chamboule un instant, dans ces horizons inédits qu'il ouvre et qui tranchent avec l'ennui de la vie quotidienne. Le voyage distille sa saveur lorsqu'il nous installe dans l'échange avec nos semblables et nos dissemblables, humains, non humains. Car la sagesse des chemins est de nous inscrire sur une voie, celle de la vie ouverte qui nous met en relation consciente, connaissante avec autrui, ailleurs.

Cette expérience, il convient de la sauver de la corruption des temps présents. Elle est de l'or, d'un or discret comme un secret bien gardé, cet invisible qui taraude et qui jette sur les routes, ouvre la conscience sur la grandeur du monde…

Si le voyage est léger de promesses de découverte, le tourisme est-il encore capable de les tenir ? Pas sûr, même s'il reste toujours quelques chances. Cet or existentiel, le tourisme le convertit en plomb. – Ceci alors même que les facilités de déplacement et la circulation des connaissances pourraient se révéler riches de potentialités. Ces possibles résiduels, il devient plus que jamais nécessaire de les provoquer, de les cultiver, afin de faire de chaque itinéraire un enseignement, une manière de travailler sa présence au monde. Le voyage pourrait encore s'avérer une école de la vie, un respect des formes de vie. Mais les chances de son épanouissement sont de plus en plus ténues.

CHAPITRE 3

Le productivisme des vacances

Nous avons eu un peu de temps libre quand nous ne nous y attendions pas. Ç'a été merveilleux.

Iain Levison[1]

Les vacances organisées contre la peur du vide

En exergue, ces quelques mots de Iain Levison sont riches d'enseignements. La force des écrivains réside aussi dans leurs capacités d'en dire long en peu de mots, une forme d'économie du langage où puise l'intensité. Mais nous, qui prétendons commenter, devons développer et rappeler quelques banalités masquées par l'évidence :

- Lorsqu'il est imprévu, le temps libre est une denrée fantastique.
- Le temps libre permet de reprendre des forces, voire de se reposer entre deux périodes de temps non libre que d'ordinaire nous appelons « travail » ; lequel, comme l'indique son étymologie, prend si souvent une allure de supplice.
- Ce temps est libre, c'est-à-dire qu'on y fait théoriquement ce que l'on veut ; le temps du travail est contraint,

1. *Tribulations d'un précaire*, Liana Levi, 2007.

forcé, on y fait en théorie ce que nous sommes obligés de faire pour *gagner* notre vie et acheter ces loisirs dont le tourisme fait partie. Mais ces loisirs sont-ils si libres que cela ?

En se distinguant du temps professionnellement occupé, le temps libre des vacances est devenu propice au loisir. Avec les congés payés, des moyens étaient là, les gens pouvaient acheter leurs envies. Il fallait en profiter, ouvrir des marchés. Or tout l'enjeu stratégique, avec l'avènement du temps libre pour tous, fut de trouver des moyens de les occuper, ces gens désœuvrés, pour ne pas les laisser les bras ballants car l'oisiveté, rappelez-vous, est mère de tous les vices. Qui plus est, elle ne rapporte rien.

La communication et la publicité furent mises à contribution, il fallait exciter une demande par des moyens adaptés. Pendant les vacances, le temps ne doit pas rester vacant. Il faut remplir les vides à tout prix, avec des activités qui justement ont un prix.

S'amuser au camping, manger des glaces, aller à la plage, faire un tour à cheval en Camargue, en bateau en Bretagne, au *fast food* en Thaïlande. Se faire des amis de vacances, de ceux à qui l'on écrira c'est promis (et à qui l'on n'écrit jamais). Se payer nos rêves dans un cadre enchanteur : déambuler au pays de Disney ou d'Astérix, descendre le Colorado en pédalo, escalader des canyons, caresser une paire de fesses bronzées au soleil du Brésil… Tout peut s'acheter. Par conséquent, tout devient possible, ou presque : puisque les congés sont payés, les salariés ont de l'argent à dépenser. Alors la vacance s'est remplie et le temps libre a été comblé par des normes de comportement et des activités diverses. Le temps libre a été occupé, colonisé par le productivisme. Une demande émergea, une offre aussi. Logique.

Le droit aux congés payés est, avec le temps et la généralisation des usages, devenu un devoir de vacances assez coûteux. Cette offre, d'artisanale au début, de faible ampleur, d'envergure locale, la voici progressivement devenue industrielle à l'échelle planétaire. L'institution du temps libre a ouvert des espaces blancs dans la vie, l'économie s'est empressée d'y insérer ses organisations de services et de production de biens. Le productivisme ayant horreur du vide, il déteste le blanc sur les cartes du monde. Il doit y graver des lignes de comptes au nom du développement, de l'activité érigée en principe existentiel, voire au nom d'un nouveau colonialisme appelé « lutte contre la pauvreté ».

Si le temps libre est merveilleux lorsqu'il est imprévu, l'est-il encore autant – libre et merveilleux – lorsque tout y a été programmé ? Pas sûr. Ainsi va désormais le tourisme, cheminant de standard en standard, de guichet en guichet. Car le touriste, qu'il soit à haut pouvoir d'achat ou routard relativement fauché, avance en territoire la plupart du temps balisé, et chemine d'offre en offre, sur les traces d'une signalétique plus ou moins efficace. Que ce soit celle qu'il découvre sur le terrain ou celle anticipée par son guide de voyage. Bien sûr, selon le pays visité, le fléchage apparaîtra plus ou moins fantaisiste, plus ou moins omniprésent selon le niveau de *développement* et de *structuration* de l'« offre » touristique. On remarquera alors que ce « développement », qui laisse augurer de tant d'améliorations de l'offre et du *bien-être* en général, se profile toujours à l'horizon du chemin touristique. Que l'on soit en pays développé – jamais assez – ou en voie de développement, la destination est donnée d'avance : le développement (toujours lui), ce générateur de croissance (toujours elle).

Tel est le nirvana socio-économique qui doit rendre tout le monde riche, heureux et en bonne santé. Or le volet touristique est désormais partie intégrante des multiples stratégies de développement qui fleurissent ici et là sur la planète. Sur *toute* la planète.

Le développement, kézaco ?

> *Le développement économique d'un peuple sous-développé n'est pas compatible avec le maintien de ses coutumes et mœurs traditionnelles. La rupture avec celles-ci constitue une condition préalable au progrès économique. Ce qu'il faut, c'est une révolution de la totalité des institutions et des comportements sociaux, culturels et religieux et, par conséquent, de l'attitude psychologique, de la philosophie et du style de vie. Ce qui est requis s'apparente donc à une désorganisation sociale. Il faut susciter le malheur et le mécontentement, en ce sens qu'il faut développer les désirs au-delà de ce qui est disponible, à tout moment. On peut objecter la souffrance et la dislocation que ce processus entraînera ; elles semblent constituer le prix qu'il faut payer pour le développement économique.*
>
> J.-L. Satie, *The Economic journal,* vol. LXX, 1960[2].

C'est parce que le développement est un mot-valise qu'il accompagne d'aussi près le phénomène touristique : tout y entre, les bonnes intentions comme les mauvaises.

Il est synonyme de croissance économique pour les uns, tandis que d'autres y voient au contraire une alternative au

2. Cité par Serge Latouche, *L'occidentalisation du monde, op. cit.*, p. 94.

tout-économique. Il peut être mondial, local, durable ; à court, moyen, long terme… Un mot-valise, oui, donc un mot piégé qu'il est très difficile de ne pas employer malgré les malentendus qu'il transporte. Le développement est un poncif largement répandu, aux prétentions vertueuses, un objet tellement consensuel qu'il est peu courant de le mettre en question. Il paraît aller de lui-même, presque naturellement, sans susciter d'interrogations et encore moins de contestations, hormis, bien évidemment, chez quelques écologistes irréalistes, « khmers verts », utopistes libertaires et autres marginaux sans influence.

Pourtant, contrairement aux apparences, ce mythe n'est ni tombé du ciel un jour de pluie, ni poussé de terre comme une fleur irrésistiblement attirée par le soleil. Non, le développement vient d'ailleurs. Sa force est de ne rien laisser au hasard. Il est l'ennemi de l'aventure, de l'imprévu, du désordre ; il est l'ami du calcul, de la prévision, du *management,* de la *croissance*. Le développement ne pousse au *démarrage* que lorsque les perspectives de *retour* – sur investissement – sont alléchantes. « Quantifier, calculer, maximiser, optimiser… sont désormais les seuls critères pertinents du comportement humain, de l'acteur du développement », remarque Stéphane Bonnevault[3]. Le développement est le moteur de la sempiternelle croissance, cette version dévaluée et prosaïque de l'infini, baleine blanche qui fait courir entrepreneurs et politiciens à défaut d'aimanter marins, pèlerins et explorateurs. Oui, les temps ont changé… On a les aventures, les rêves, les infinis qu'on peut.

3. Stéphane Bonnevault, *Développement insoutenable*, Éditions du Croquant, 2003, p. 53.

Si les marchés ont toujours existé, ils étaient localisés dans l'espace et le temps, et l'on organisait de grandes caravanes, de grandes navigations pour trouver ailleurs les produits qui n'existaient pas ici et qui – détail d'importance qui limitait la concurrence – supportaient les rigueurs du voyage. Avec l'avènement du XVIIIe siècle et l'industrialisation galopante, les mesures des marchés ont changé pour devenir celles d'un marché sans mesure, un marché-monde[4] concernant une gamme de produits toujours plus étendue. Celui-ci a progressivement imposé ses règles à la vie sociale alors que jusque-là c'était la vie sociale, avec ses usages et ses traditions, qui encadrait les usages économiques. L'économie est devenue culture, *économisme* prétendant régler et prendre en charge tous les aspects de l'existence humaine, d'abord chez les peuples occidentaux puis progressivement chez d'autres, qu'ils soient contraints ou séduits. – Ou contraints d'être séduits.

Au sortir de la deuxième guerre mondiale, les peuples étaient certes fatigués mais la paix retrouvée leur inspirait moult espoirs. Après les impitoyables destructions devait venir le temps de la grande création; après le malheur devait advenir le bonheur. À guerre mondiale, espérance mondiale, portée par l'État-nation sauveur du monde, les États-Unis d'Amérique. L'idéologie du développement fit un bond en avant, explique l'anthropologue Gilbert Rist[5], lorsque le président Truman prononça son discours d'inves-

4. Sur ce processus, on lira avec profit Karl Polanyi, *La Grande Transformation. Aux origines politiques et économiques de notre temps*, Gallimard, 1983.
5. Cf. *Le Développement. Histoire d'une croyance occidentale*, Presses de Sciences Po, 2001.

titure, le 20 janvier 1949. Le développement, affirmait-il, devait devenir le droit – et bientôt le devoir – de tous les pays du monde. Aussi les États-Unis allaient-ils généraliser l'aide financière et technique qu'ils réservaient jusqu'ici à l'Amérique latine.

Le développement devint un modèle universel à généraliser, un grand référentiel sur lequel venaient s'ordonner les pays du monde, qu'ils soient « développés », sur la voie du développement, ou « sous-développés ». Le développement devint l'axe du progrès, de la réussite et de la richesse économique auquel aucun pays ne devait échapper. « Il doit s'agir d'un effort mondial pour assurer l'existence de la paix, de l'abondance, de la liberté », affirmait Truman ce 20 janvier 1949, jour qui devait marquer le début d'une ère nouvelle. « Notre but, poursuivait-il, devrait être d'aider les peuples libres du monde à produire, par leurs propres efforts, plus de nourriture, plus de vêtements, plus de matériaux de construction, plus d'énergie mécanique afin d'alléger leurs fardeaux. [...] Une production plus grande est la clef de la prospérité et de la paix. Et la clef d'une plus grande production, c'est une mise en œuvre plus large et plus vigoureuse du savoir scientifique et technique moderne[6]. »

Ce catalogue d'intentions ne prenait pas d'engagements mais il était suffisamment ambitieux (d'aucuns diraient prétentieux) pour définir un modèle en provenance d'Occident, trouvant explicitement pour vocation de devenir applicable partout.

Le bonheur du monde, expliquait Truman, tenait dans un certain nombre de comportements et d'usages économiques, scientifiques et techniques, que les pays occidentaux

6. Cité par Gilbert Rist, *Idem*, p. 119-120.

« libres » en général, et les USA en particulier, appliquaient déjà. Ils allaient désormais s'ingénier à les diffuser à l'extérieur de leurs frontières. De manière démocratique, évidemment. Évaluer la réalité « démocratique » de cette diffusion idéologique est une autre histoire, évidemment discutable, que nous ne discuterons pas ici…

La mise en production des territoires

Quel rapport avec le tourisme, penserez-vous ? Eh bien, le tourisme intégra progressivement ce mythe du développement. Pourquoi se développer ? Pour devenir riche, pardi ! Or, comme être riche devait permettre d'avoir du temps libre et de l'argent à dépenser pour le combler (à l'exemple de l'Occidental), le tourisme devint un secteur économique non négligeable. En tant qu'industrie, il est devenu un élément à part entière de cette mythologie productiviste qui fait de la production « la clef de la prospérité et de la paix », la clef du bonheur des nations. En tant que pratique individuelle, il prit naturellement place dans une quête du bonheur individuel foncièrement hédoniste. La totale, comme on dit couramment.

Toutefois, il est aujourd'hui certain qu'il existe un phénomène d'entraînement entre attractivité touristique et « développement » socio-économique des pays et des territoires, en France mais pas seulement :

« Le tourisme, explique le sociologue Jean Viard, est devenu un moment de l'économie générale de notre société. Il est un des moteurs de sa mise en scène et de sa mise en désir, un des acteurs du renforcement permanent de sa mobilité structurelle. Là est indéniablement le cœur de la richesse que génère le modèle touristique, et c'est pourquoi une comparaison des régions qui créent des entreprises avec celles qui sont fortement touristiques est un élément clé pour comprendre les mutations que nous traversons[7].»

Il y aurait, au moins en France selon le sociologue, corrélation entre attractivité touristique et dynamisme socio-économique des régions, tout cela pour le profit et la croissance. Mais un dynamisme chasse l'autre, rien n'a lieu *ex nihilo*. Il faut donc aussi pointer les écueils de cette vision faussement idéaliste et exagérément optimiste du tourisme. Elle passe sous silence ses «effets secondaires», comme l'augmentation du coût de l'immobilier, qui installe une forme de concurrence de pouvoir d'achat entre la population locale et les «autres», comme les résidents d'agrément. On assiste aussi à la prolifération des résidences secondaires qui tue la vie locale[8] en occupant l'espace sans réellement l'animer. Il faut encore pointer les conflits d'usages, comme dans cette vallée du nord de l'Ardèche où l'été les éleveurs se plaignent du captage des ruisseaux par les propriétaires de gîtes, pour remplir les piscines et les baignoires des estivants. Or l'eau devient rare certains étés. Ceci n'est pas sans lien avec la fin des activités traditionnelles désormais remplacées par un folklore sans âme faisant la promotion des clichés faciles. C'est étonnant comme la quête touristique du terroir et de ses produits a lieu au moment où il devient de plus en plus difficile pour les «autochtones» de vivre dudit terroir.

---

7. Jean Viard, *Court traité sur les vacances…*, *op. cit.*, p. 110-111.
8. On pourra consulter à ce sujet l'article «Habiter son pays», paru dans le numéro d'*Offensive* déjà cité. Et lire le livre *Habiter son pays. Question immobilière et foncière en Pays basque Nord*, de Pejo Etcheverry-Aintchart, Maite Goyehenetche et Pierre Vissler, Éditions Gatuzain, 2006.

On pourrait encore souligner les dégâts de l'artificialisation des paysages, qui tue leur splendeur et domestique leur sauvagerie pour la transformer en image. – Une simple image que nous achèterons le temps d'un séjour à l'hôtel avec vue sur le site, ou le temps d'une visite payante que nous ferons, bien alignés derrière les balustrades. La mise en spectacle des chutes du Niagara, encerclées d'hôtels panoramiques, est le parfait exemple de pareil désastre. Les promoteurs-aménageurs sont pourtant légions pour vanter les profits de ce genre d'exploitations, oubliant les destructions d'écosystèmes, la bétonisation des architectures et des natures. C'est à chaque fois le sens d'un autre monde possible que l'on perd.

Cet autre monde nous rappelle cependant de temps en temps à l'ordre, sous forme d'accidents plus ou moins titanesques et plus ou moins réguliers : raz de marée et autres sécheresses... En Asie du Sud-est, il a fallu la terreur d'un tsunami pour attirer l'attention sur l'importance de la mangrove comme espace de transition douce entre l'océan et la côte. Une fois cette forêt côtière dévastée par les implantations d'infrastructures, la vague heurte la terre et les hommes de plein fouet.

Armé de la technique, le développement croit tout vaincre. Tout n'est qu'une question de temps et d'outils. Mais cela fait déjà longtemps qu'il œuvre prétendument au bonheur de la planète. Devenu durable à présent, il entend toujours poursuivre son chemin, digérant ses contradictions sans jamais s'étouffer au passage. Du moins pour l'instant. Or, le développement est-il parvenu à combattre la misère du monde ? Évidemment non. Tout juste la déplace-t-il. Quantités d'invisibles désastres, tant sociétaux qu'écologiques, prolifèrent à l'ombre de l'horreur touristique. Sommes-nous revenus de cette mise en production des territoires que la touristification de la planète contribue à organiser ? Non. Certains estiment au contraire que c'est parce qu'on n'en a pas encore assez fait que des pans entiers du monde stagnent dans la pauvreté – et dans la « sédentarité » qu'elle impose.

Il est dans la nature de l'idéologie développementiste de ne jamais en avoir assez. Il lui faut toujours faire davantage. On n'abandonne pas une norme mythologique et pratique, une façon de penser le monde et de le mettre en ordre, aussi facilement que cela. Il en est même, parmi les mieux informés, qui persistent malgré les désillusions à nourrir le mythe touristique. Jean Viard, par exemple : « Cet ordre renouvelé d'un globe fini raccorde la société au passé et à la nature. On est aujourd'hui humain ensemble, reliés les uns aux autres, aussi bien par l'ordre social dans lequel nous vivons que par l'air planétaire que nous respirons ou par le partage de la mémoire des sociétés anciennes et de la nature primitive[9]. »

Si la mondialisation crée bien le sentiment d'une possible unicité entre les hommes et avec la nature, celle-ci n'apparaît pas vraiment réalisée, effective, équilibrée. L'air que nous respirons, l'eau que nous buvons, la nourriture que nous mangeons, sont de plus en plus pollués à mesure que la « qualité de la vie » devient un argument de mise en désir des lieux. Les peuples et cultures autochtones disparaissent les uns après les autres à mesure que disparaissent leurs espaces existentiels, qui eux aussi doivent être mis en exploitation. On y trouve des matières premières, et puis ils sont si exotiques qu'ils intéressent les voyagistes

9. Jean Viard, *op. cit.*, p. 158.

et fascinent leur clientèle. En France, nous ne sommes évidemment pas en reste dans ce domaine : lorsque, malgré l'opposition d'associations amérindiennes, l'État officialise la création d'un parc national dans le sud de la Guyane et abroge l'arrêté préfectoral de 1970 qui limitait l'accès au territoire amérindien sans autorisation préalable, c'est l'ouverture d'un territoire aux « développeurs » de tout gabarit qu'il risque ainsi d'autoriser[10]. S'il se concrétise, ce risque couru par les populations amérindiennes sera dévastateur pour les cultures et les territoires concernés. Ce n'est pas sans raison que de nombreux Amérindiens ont manifesté leur opposition à toute libre circulation des touristes dans leurs villages[11] : ils ne veulent pas devenir « la matière première du tourisme en Guyane », selon les mots de Brigitte Wyngaarde[12].

Alors, peut-on encore rêver d'une mondialisation qui ne soit pas une occidentalisation ? Il n'est pas certain du tout que le tourisme soit parti pour contribuer à l'avènement de pareille utopie. Le tourisme n'a pas fait progresser la paix entre les peuples, il n'a pas résolu les problèmes du monde. A-t-il seulement contribué à une meilleure compréhension interculturelle ? Pas sûr. Si les pratiques touristiques et leurs impacts sont massifs, leurs avantages ne concernent

10. Cf. le décret n° 2007-266 du 27 février 2007. Voir *Ikewan*, le journal des peuples premiers n° 64, avril-mai-juin 2007, « Parc amazonien de Guyane ».

11. Cf. « Trente ans de luttes amérindiennes », entretien avec les anthropologues Pierre et Françoise Grenand dans la revue *Ethnies* n°s 31-32 : « Guyane : le renouveau amérindien », printemps 2005.

12. Chef coutumier du village de Balaté. Cf. « Communautés amérindiennes : identités en danger », in *Ethnies*, n°s 31-32, *op. cit.*

directement que quelques privilégiés. Les esprits n'apparaissent guère plus ouverts au divers, qui dépérit ; la nature ne s'en sort pas très bien non plus. Un bilan pas brillant. Peut-on d'ailleurs reprocher au tourisme de ne pas avoir atteint des objectifs qu'il n'a jamais eus ?

Ce n'est que rongé par le remords que le secteur touristique commence à douter de lui-même. Ce faisant, il n'entend pas réfléchir à l'organisation de sa propre disparition. C'est tout le contraire en vérité, il n'est pas tenté par le suicide économique. Ce qu'il espère à présent tous azimuts, c'est *durer*. Comment devenir *durable*, comme le développement ? Comment faire durer le développement, et le tourisme avec lui ? Comment durer sur le marché des concepts et des tendances ? Nous n'en sortons pas, coincés dans un circuit fermé dont la rationalité économique a jeté la clé.

CHAPITRE 4

La planète bocalisée

Nous avons encore beaucoup à faire. Levez la tête! Regardez les étoiles! Les avez-vous jamais vues aussi brillantes? C'est vers elles que l'homme se dirige, loin dans les espaces infinis. Bien après que cette planète sera devenue un désert sans vie balayé par le vent, nous serons là-haut dans nos projectiles en acier inoxydable. Nous y serons par millions et pour des siècles et des siècles, à la recherche de la vie, pour la détruire.

Moritz Thomsen[1]

Le poisson rouge peut-il s'évader de son bocal?

Qu'on le veuille ou non, la pratique des routes toutes tracées est une improbable évasion. Cette impulsion est désormais prise en charge par l'esprit du temps, esprit que l'on pourrait qualifier de parfaitement managérial tant il s'avère obsédé par l'alliance du calcul, de l'organisation, de la prévision et de la rentabilité. Il fournit de quoi dessiner de parfaits schémas, quitte à rendre l'existence exagérément schématique au nom du refus de l'aléa.

Or l'aléa n'est-il pas le propre de l'expérimentation et de la découverte, c'est-à-dire, aussi, le propre du voyage?

1. *Le Plaisir le plus triste*, Phébus, 2003.

L'aléa et l'imprévu sont néanmoins difficilement compatibles avec la planification des vacances, peu tolérantes envers tout ce qui pourrait remettre en question le bon déroulement du programme. – Surtout si l'on a payé pour cela et si le temps qui nous est accordé est limité. Ainsi, quand l'imprévu fait irruption dans une prestation touristique, il prend souvent la figure de l'accident, aussitôt interprété comme une défaillance du service.

Madame souhaite marcher une semaine dans le Sahara, il lui suffit d'acheter son itinéraire et la voilà partie, promenée par le circuit d'une agence. Elle boit de l'eau en bouteille riche en divers minéraux là où les explorateurs d'antan craignaient de mourir de soif. En théorie tout dans son parcours est calculé et a été maintes fois répété. Elle a reçu sa feuille de route dès sa commande enregistrée, une fois le versement des arrhes effectué. Alors les contretemps lui sembleront des pertes de temps, idem pour les crevaisons, et si jamais une étape attendue manquait au rendez-vous, pourquoi ne pas exiger une compensation financière ?

C'est pour répondre et prévenir semblables dérapages que les prestataires du tourisme, en plus ou moins bonne intelligence avec les élus locaux, les techniciens et les aménageurs du territoire, mettent en place un tissu serré de commodités qui quadrillent les espaces de la manière la plus performante possible. La demande doit être satisfaite, et, au préalable, provoquée à grands renforts de publicité : toujours la même histoire. Ainsi naissent des schémas de développement qui canalisent les flux et les orientent vers telle ou telle attraction en prenant soin de les éloigner de tel ou tel repoussoir. Ces circuits font apparaître et disparaître les territoires au gré des boucles qu'ils dessinent. Il y a ce qui doit être vu par-dessus tout – que tout le monde verra, de peur, sinon, de passer pour un ringard – et ce qui surtout doit être dissimulé, passé sous silence ou déclaré sans intérêt. Dès lors, tenter de passer entre les mailles relève de la mission impossible ou de la bizarrerie comportementale caractérisée.

Prenons un nouvel exemple. Monsieur a la passion des chevaux mais peu d'argent, il vit dans une yourte dans le massif central. Il n'a pas l'allure d'un touriste ordinaire (veste colorée en tissu synthétique, matériel en surnombre, chaussures de « trek » ou bottes bien cirées) ; lui, ce serait plutôt jean déchiré, pull détendu, chapeau couvrant le regard et godillots râpés.

Un jour il part pour un deuxième tour de France avec un cheval de selle et un cheval de bât, avec en mémoire les souvenirs enchanteurs d'une première escapade. Sa première virée, il l'avait accomplie une dizaine d'années auparavant.

Cette fois-ci, il part un été de sécheresse. En route, il constate la difficulté pour trouver de l'eau, chacun veut la garder pour soi. Un endroit pour passer la nuit ? Pas facile à trouver non plus : rares sont les espaces sans clôtures et personne ne veut lui céder un bout de pré ou de paille. La méfiance règne autour de ses allures et de ses demandes de vagabond. Ses interlocuteurs indiquent tous le prochain gîte d'étape : « là-bas, vous trouverez tout ce qu'il vous faut, ils acceptent aussi les chevaux ».

Entre ces deux virées, Monsieur constate une différence flagrante : la proposition marchande plutôt que l'invitation gratuite ; le gîte payant au lieu de l'hospitalité. Il ne retrouve plus les rencontres spontanées qui avaient fait de son premier périple une expérience mémorable.

Son itinéraire est désormais dépendant d'un tissu serré de prestations qui capture son expérience au risque de tuer son voyage, en vidant son compte en banque au passage. Les semelles d'argent ont remplacé les semelles de vent. C'est ce qu'on appelle une offre structurée, de celle qui fait se rengorger les développeurs et se frotter les mains les affairistes.

N'allons pas prétendre que cette toile d'araignée de services en tous genres recouvre le monde dans ses moindres recoins. Mais elle tend à y parvenir. Et elle y est presque parvenue. Ses promoteurs le souhaiteraient pour des raisons diverses, allant de la « protection » des espaces à leur « valorisation ».

Tenter de faire une chose et son contraire – par exemple protéger la nature d'un territoire tout en développant ou en « valorisant » ledit territoire – fait partie de ces démarches consensuelles que notre époque chérit alors qu'elles s'avèrent finalement peu satisfaisantes. On invoquera volontiers pour les justifier l'argument passe-partout de la « complexité », sans voir que derrière pareil écran de fumée, se dissimulent des stratégies contradictoires. L'on croit faire bien à la fois une chose et son contraire, et, ce faisant, faire plaisir à tout le monde et désamorcer d'éventuels conflits, alors que concrètement la main droite défait ce que fait la main gauche. Lire la première charte du premier Parc Naturel Régional venu servira aisément d'illustration. On y trouvera des objectifs variés et disparates tels que (inventaire non exhaustif) :

- préserver le patrimoine traditionnel naturel et culturel ;
- protéger la biodiversité ;
- contribuer à l'aménagement du territoire ;

- assurer l'accueil du public;
- contribuer au développement socio-économique et à la qualité du cadre de vie;
- favoriser l'initiative économique et l'accueil d'activités innovantes[2].

Avec ce genre de cadre formel, souvent les apparences évoluent, en effet. Les voici sauvegardées, elles au moins, mais elles sont les seules à l'être. Quoi qu'il en soit, la formule «parc naturel régional» reste un formidable outil de marketing territorial, même si les territoires pour y prétendre sont désormais nombreux, quitte à tuer le concept. Le décor devient alors plus reluisant compte tenu des subventions que ce genre d'initiatives parvient à drainer: les friches sont nettoyées, les façades ravalées et tout paraît propret, guilleret, pimpant, si bien que tout le monde

---

2. Ce souhait s'accompagne souvent du réflexe N.I.M.B.Y. («*not in my backyard*»), assez courant dans ce genre de situation où personne n'entend subir les conséquences néfastes d'un mode de vie industriel, sans toutefois vouloir le modifier. Que les industries s'installent ailleurs, chez le voisin ou en Chine… Ah non! Pas en Chine! Il faut sauver des emplois! En ce cas, qu'elles émettent des fumées transparentes et inodores. Rendons-les invisibles grâce à des insertions paysagères réussies. Ou encore: n'accueillons que des entreprises de services dont les pollutions sont lointaines ou invisibles, ainsi les apparences seront sauvegardées. Les apparences seulement. Car le système reste globalement identique, fort de sa remarquable capacité d'adaptation. On répond alors à ses errements par la multiplication des normes et des contraintes pesant sur le citoyen, l'élu, l'entrepreneur, sans jamais toucher aux causes premières. On préfère par exemple la limitation de vitesse et la contravention à la limitation du moteur des voitures. Quand viendra donc le jour où l'on osera invoquer le désastre écologique pour justifier une dictature technocratique?

semble content. Mais ces outils administratifs associant marketing et « développement durable » augurent-ils véritablement des changements sociétaux qu'ils promettent ? Rien n'est moins sûr.

L'époque est attristante, en effet, malgré tous ses effets de manches. Elle choisit d'armer tous nos actes pour justifier la prolifération des règlements. Elle préfère la vie parquée à la vie sans bornes, les saumons d'élevage aux saumons sauvages qu'elle conduit à la disparition. Il en va ainsi dans tous les domaines : ce qui au début ne semblait qu'un fait aléatoire, le résultat involontaire d'une stratégie mal pensée, le fruit pourri d'un dérapage ponctuel, apparaît en réalité comme un principe de gestion. Ce principe de portée désormais générale est le suivant : organiser le remplacement de la spontanéité « sauvage » par son produit dérivé, préfabriqué de bout en bout. La vie devient processus, la conscience de ses actes un pilotage technique. La promotion des Organismes Génétiquement Modifiés et celle des Humains Parfaitement Programmés s'inscrivent dans la même histoire, une logique similaire. La liberté d'exister est remplacée par son image codifiée, calibrée. L'illusion est presque parfaite. Presque.

Un marketland domestique

Ce qu'illustre le précédent exemple de notre amoureux du voyage à cheval est l'impossibilité avérée de vagabonder à sa guise. Cette impossibilité, tous les marginaux de la terre la rencontrent. Nos espaces étroitement balisés sont désormais destinés à être fréquentés par des gens dotés de pouvoir d'achat.

Bien évidemment, le touriste est tout le contraire d'un marginal, il est parfaitement intégré dans la norme et c'est pour cela que l'aventure, fondamentalement, lui échappe. Il faut à présent avoir les moyens de ses itinéraires, ou ne pas craindre de se faire des ennemis, de malmener la propriété privée, de provoquer le regard d'autrui. Ainsi le monde se referme, sans qu'on y prenne garde. Des expériences y deviennent impossibles. Là où l'errance et la rencontre coulaient de source – au prix d'une certaine insécurité et de maintes incertitudes – au fil des routes et du hasard, désormais prévalent étapes obligatoires, itinéraires standardisés, gestes monnayés, mise en scènes de paysages (ré)habilités. Il ne s'agit pas de regretter le bon vieux temps mais d'analyser les changements en cours, en identifiant ce qu'ils enlèvent à nos existences.

Nous vivons sous le signe de la mise en production du monde. Celle-ci déploie un imaginaire qui modélise et rend monnayables espaces, rencontres, découvertes, expériences. Ainsi la vie devient une suite d'achats, une trajectoire de péage en péage. Où que l'on soit, l'esprit du tout-économique nous inocule la fièvre acheteuse.

Le tourisme n'échappe en rien à cette tendance. Pire, il tend à l'appliquer sous toutes les latitudes tout en parlant d'évasion et de contrées préservées. Il ancre sa supercherie sur nos irréductibles désirs. Tandis que des expériences deviennent *de facto* difficiles, voire impossibles, leur désir demeure, cherchant des vides où exister. Or les vides s'amenuisent, les taches blanches disparaissent ; cette caractéristique de l'époque frappe de front l'esprit voyageur, pris dans le filet d'un monde étroitement canalisé, administré, cadastré.

L'administration et le management sont des formes contemporaines de colonisation appliquées non seulement à l'extérieur de nos frontières mais aussi à l'intérieur de notre conscience. Elles organisent, armées de méthodes scientifiques ou pseudo-scientifiques, le cadastrage des réalités objectives mais aussi des subjectivités individuelles, dans une entreprise d'infiltration procédurale quasiment totalitaire. Totalitaire car elle entend s'appliquer à tous les domaines de l'existence; elle outrepasse même les frontières public/privé lorsque non seulement la vie sociale est concernée, mais aussi notre vie intime. Si besoin, des coachs certifiés vous aideront pour cela, outillés d'un arsenal de recettes en tout genre. Ils vous accompagneront dans la vie, avec eux vous deviendrez meilleur... Meilleur parent, meilleur amant, meilleur travailleur, meilleur en tout et partout. C'est ainsi qu'il nous faut apprendre à gérer jusqu'à nos émotions et chercher la performance en toute chose, de notre apparence jusque dans le cœur de notre relation à l'autre.

L'universalisation des fins (croître et se développer) comme des moyens techniques pour les atteindre et des critères d'évaluation des résultats, brouille si bien les notions traditionnelles extérieur/intérieur, dehors/ dedans, que l'Occident est désormais partout. Celui-ci est parfaitement délocalisé car disséminé dans toutes les consciences, sur tous les continents.

Cette grande domestication, qui étend un mode d'organisation universaliste à toutes les sociétés, je l'appelle le *management du monde.* Le management, c'est-à-dire la somme des diverses méthodologies utilisées pour diriger des hommes et des projets[3].

---

3. Cf. Etienne Rodin, *Produisez, consentez ! Critique de l'idéologie managériale*. Homnisphères, 2007. Et aussi Vincent de Gaulejac, *La société malade de la gestion*, Seuil, 2005.

Ses promoteurs cherchent à produire la vie clef-en-main au nom de sa meilleure *gestion*, voire de sa préservation, de sa sécurité, après avoir massacré la vie là où spontanément elle se développait sans rien avoir à faire du principe de rendement. Au nom du management, « experts » et « spécialistes » vantent la toute-puissance de l'administration « rationnelle » des êtres, des actes, des choses, et la mise en place d'organisations serrées, tissées de procédures technocratiques, comme l'administration bureaucratique que ces *managers* fustigent alors même qu'ils s'en approchent à grands pas.

Prétendument étayé scientifiquement, le management, en tant que *discipline*, s'applique à transformer les espaces existentiels en argent, la vie en protocoles, les espaces en parcs de divertissement, même si parfois la pédagogie est invoquée pour donner à l'affaire plus de sérieux. Le management dirige, indique, ordonne, parfois brutalement, d'autres fois avec le sourire, car, en bon commercial, il sait être vendeur.

Ces démarches cherchent à s'appliquer à tout, au nom du profit, de l'efficacité, de la rentabilité, de la rationalisation et même de la préservation de la vie. Et, bien sûr (j'insiste), de sa sécurisation. Il s'agit d'une ingénierie sociétale, doublée d'une ingénierie scientifique et technique qui quadrille toutes les latitudes et poursuit l'invasion de la planète par la mentalité occidentale, en véhiculant des normes gestionnaires à la recherche du meilleur profit économique. C'est ainsi que des modèles transculturels s'éparpillent, disposant à la surface de la terre des matériaux et des formes partout semblables. Cette modélisation, ce grand cadastrage, a transformé le monde et les mentalités en un espace de reconnaissance, en ne laissant personne tranquille, jusqu'au point où « le groupe envahi ne peut plus se saisir lui-même autrement que par les catégories de l'autre[4] ».

L'Occident n'est donc plus rattachable à un espace géographique unique et limité, il est à présent dans toutes les têtes. Il englobe la planète entière et ce n'est plus qu'à l'intérieur de son maillage que peut survivre la diversité, en îles éparses et chahutées.

Le point d'orgue de ce management dominateur est atteint avec ce que certains scientifiques appellent « l'ingénierie planétaire ». Il s'agit pour l'instant d'une prospective encore discutée, mais d'une prospective aux applications réalistes, donc inquiétantes. Celle-ci répète et renforce le rêve prométhéen de domination absolue de la planète, sans qu'on en maîtrise toutes les conséquences. Elle marquerait une nouvelle ère géologique, l'« anthropocène », quand l'homme deviendrait la force géologique dominante grâce au recours à la science et à la technologie. L'objectif : « préserver » la terre et l'humanité d'une catastrophe comme le réchauffement de la planète en agissant directement sur l'écosystème terrestre. Ces opérations de géo-ingénierie consisteraient par exemple, si l'on suivait les préconisations du chimiste néerlandais Paul Joseph Crutzen (Prix Nobel de chimie en 1995), à envoyer grâce à des ballons et des fusées « des millions de tonnes de soufre dans la stratosphère afin de réduire l'entrée des rayons solaires et de ralentir le réchauffement terrestre[5] ». Il ne s'agirait rien

4. Serge Latouche, *L'occidentalisation du monde, op. cit.*, p. 46.
5. Cf. *Le Monde 2*, dossier du 27 octobre 2007, dont je m'inspire largement ici, intitulé : « Ils veulent mettre le monde sous cloche ».

moins que de transformer le climat et l'atmosphère de la terre pour assurer notre survie. Faire la pluie et le beau temps, un vieux rêve, non? Un préambule à ce genre de pratiques est offert par l'exemple chinois du Bureau de modification du temps, qui devait assurer le beau temps sur Pékin durant les jeux olympiques de 2008 en utilisant des canons antiaériens pour tirer des cartouches chimiques dans les nuages, afin de les dissiper.

Imaginez l'utilité de ce genre de méthodes en matière de tourisme, ce beau temps garanti... Le cauchemar fou d'un monde de dingues? Ou le rêve parfait d'un monde idéal, parfaitement contrôlable car totalement dominé? Choisissez votre camp.

Chez nous autres rejetons des pays développés, ce management, qui substitue une technosphère artificielle au lent mouvement de la nature, cultive ces désirs résiduels qui nous habitent, désirs aventureux, évasionnels, aux racines anthropologiques indiscutables. Habile et non dépourvue d'intelligence, cette ingénierie sait orienter nos désirs vers ce qui justement les contredit. C'est bien là sa subtilité. Ses maîtres-d'œuvre parviennent à vendre de la nature sauvage dans ces parcs où tout est balisé, où même les ours connaissent les habitudes alimentaires des visiteurs (cette domestication les rend d'ailleurs particulièrement dangereux). Vendre de l'aventure organisée est l'exact contraire de l'aventure, pourtant l'illusion demeure. Que l'illusion ait remplacé la réalité, à l'heure de toutes les manipulations et de l'extension du virtuel, semble ne poser problème à personne. Or, là est justement le problème.

Entre le réel et la fiction s'est installée une permanente contrebande.

Le réel se met en spectacle, prenant la fiction comme référence; la fiction simule la réalité jusqu'à l'occuper tout entière. Ainsi Marc Augé constate, lors d'une visite ethnologique à Center Parcs: «Le moindre monument du plus petit village s'illumine pour ressembler à un décor. Et, si nous n'avons pas le temps d'aller voir le décor, on le reproduit (image d'image) sur les pancartes qui jalonnent l'autoroute («Paysage du Beaujolais», «Château du 16e siècle»). À Center Parcs, un pas supplémentaire est franchi: il n'y a plus d'autre réalité que le décor[6].»

Le monde prétendument ouvert se ferme aussi sûrement qu'un coffre-fort dans l'indifférence généralisée, tandis que se déploient univers virtuels et espaces de substitution et que s'homogénéisent nos expériences.

Le syndicat national des espaces de loisirs définit le concept de parc de loisirs comme un «espace de loisirs et de divertissement proposant des activités diverses destinées à détendre, amuser, divertir». Que penser de semblable conception lorsqu'elle sort des enclaves qui lui sont explicitement dédiées pour s'emparer de la vie de villages entiers, qui ne vivent qu'en «haute saison» et sombrent dans l'autre, désormais «morte»?

Nous sommes là face à l'application du principe de rationalisation absolue que Max Weber attribuait à l'ère scientifique et technique[7]. L'existence devient un processus et ce souci d'organisation parfaite est à la solde du désir de prévision. La conséquence de tout cela, analysait Weber, est le

6. Marc Augé, *L'Impossible Voyage. Le tourisme et ses images*, Payot Rivages, 1997, p. 69-70.
7. Max Weber, *Le savant et le politique*, Christian Bourgois, 1990, p. 69-70.

désenchantement d'un monde perçu comme uniquement gouverné par la science et des processus technologiques. Plus aucune puissance occulte ne peut s'y promener sans éprouver une légère gêne. Individuellement, aucun individu n'a la maîtrise de ces processus mais chacun croit que, s'il le souhaitait, il le pourrait. Une croyance remplace l'autre. Une fois plongé dans un tel désenchantement, il ne reste plus qu'à convoquer les technologies adéquates pour recréer un monde plus enchanteur qu'enchanté, parfaitement prévisible puisque régi par des programmes préétablis. L'espace, une fois mis en spectacle et modélisé par la technosphère, devient parc ; le touriste endosse alors le rôle de spectateur et l'habitant celui d'acteur. Un jeu de dupes ?

Sauver les apparences

Si exister est un fait, vivre est un art. D'initiatique et de spirituel, comme la vraie vie devrait l'être, c'est-à-dire philosophique et concrète à la fois, le voyage converti en tourisme se dégrade en une économie de la vie matérielle qui puise une partie de son sens dans le travail, plus précisément le travail salarié.

Y aurait-il, en effet, un tourisme sans salariat, alors qu'historiquement la généralisation du tourisme s'est développée parallèlement à celle du travail salarié, issue de l'ère industrielle ?

Le tourisme est le repos du guerrier-travailleur, il est ce loisir nécessaire à son bien-être et surtout à son bien-travailler. « La pratique touristique, écrit l'économiste Pascal Cuvelier, qui est l'une des formes possibles d'occupation du temps libre, apparaît de manière significative quand le « sens du travail » commence à rythmer la vie des individus en société[8]. » Contrairement à certaines apparences, aucun scandale subversif ne se dissimule dans le loisir touristique. Il s'inscrit parfaitement dans la logique laborieuse qui le justifie, l'organise et le pénètre. Jean Baudrillard l'analysait déjà dans *La société de consommation* : « Le loisir est contraint dans la mesure où derrière sa gratuité apparente il reproduit fidèlement toutes les contraintes mentales et pratiques qui sont celles du temps productif et de la quotidienneté asservie[9]. »

Le devoir de loisir est le corrélat du devoir de travail. La surprise et l'imprévu, en tant que forces de déstabilisation, de subversion même, n'y parviennent que par coups de chance. Le loisir conforte le travail, il le rassure, permet d'y revenir détendu, reposé, défoulé.

Le tourisme est partie prenante de l'ordre social. Grâce à lui nous sommes prêts, de nouveau, à nous vendre à fond à notre activité productive, celle qui finance, justement, la gamme plus ou moins étendue de nos loisirs. C'est que nous vivons à côté de nous-mêmes le reste du temps. À côté de nos pompes. Le tourisme est une compensation thérapeutique permettant aux travailleurs de tenir la distance et d'accéder aux mirages de la *qualité de vie*, au milieu d'un air, d'une eau, d'une terre pollués comme jamais auparavant. C'est justement parce que des manques se font valoir – les professionnels du tourisme savent la valeur financière de ces manques – que les espaces lointains, préservés, deviennent indispensables à nos équilibres d'occidentaux

8. Pascal Cuvelier, *Anciennes et nouvelles formes de tourisme*, L'Harmattan, 1998, p. 18.
9. Jean Baudrillard, *La société de consommation*, Denoël, 1970, p. 245-246.

urbanisés, sous pression, consommateurs de tout et producteurs de nos propres désespérances.

Bien sûr, nous tiendrons le coup tant que nous aurons les moyens de trouver ailleurs ce qui nous manque.

Mais voilà justement que se pose la question des moyens: à l'heure de la paupérisation des populations, de l'appauvrissement des expériences, des dégradations de l'environnement et des pénuries de carburant bon marché, aurons-nous encore longtemps l'avantage de nos tourismes et le luxe de nos compensations?

Peut-être pas.

Des formes de substitution viendront toutefois s'emparer de nos rêves. Qu'on se rassure, le management du monde trouvera la solution: il donnera du signe en lieu et place de réalité. Jean Baudrillard a signalé comment, par exemple, la liquidation d'une forêt, pour implanter un nouveau lotissement à l'orée d'un village, se règle par cette opération «magique» d'escamotage: il suffit de nommer cet aménagement Lotissement du Bois Vert ou du Bois Joli pour que le tour soit joué. Mais jusqu'à quel point cette illusion est-elle opérante? Quoi qu'il en soit, ce cas est exemplaire de nombre d'autres situations, où l'on nous vend des *modèles de simulation*, «c'est-à-dire non plus du tout une présence originelle, spécifique» mais un «consommé de signes[10]». En remplacement du réel et de sa part de sauvagerie, de spontanéité incontrôlée, on nous vendra du virtuel, du signe mort mais sage comme une image, de l'espace de synthèse parfaitement programmé par nos ingénieurs *high tech*.

10. Jean Baudrillard, *idem*, p. 150.

Nos sens, notre attention, et même notre conscience, sont d'ores et déjà capturés par la floraison froide des écrans : télévisions, ordinateurs, consoles, téléphones mobiles... Ces objets, qui s'empileront bientôt dans les décharges à ordures, organisent nos loisirs domestiques, *domestiqués* par le simulacre des signes de vie qu'ils prétendent nous apporter. Or, ce faisant, c'est une non-vie que ces écrans entérinent, en réduisant l'accès direct au réel sans réduire ni sa nostalgie, ni la frustration émergée de la forme d'absence au monde qu'ils disséminent.

L'imaginaire managérial avance en collègue fraternel avec l'imaginaire aménageur, l'un formule ce que l'autre applique. À eux deux ils se sentent capables de tout, y compris d'organiser nos univers et d'en produire d'autres, toujours plus nouveaux, toujours plus « tendance », selon des normes implacables et invisibles, parfaitement technocratiques. Ils placeront ces mondes sous le signe du bonheur conforme, sécuritaire, et du fameux progrès qu'ils chantent sur tous les toits, déclinent sur tous les tons. À tel point qu'il devient délicat de s'y retrouver, car cette contrebande symbolique entre l'authentique et l'artificiel, le réel et le virtuel, brouille les repères, efface l'évidence au profit de faux-semblants. Ces derniers s'imposent progressivement en effaçant nos paysages originels et nos mémoires premières, nous faisant même oublier notre nudité initiale, puissante et humble, cette nouveauté de nouveau-né qui devrait être celle de tout voyageur. Elle seule est propice à l'expérimentation prudente et audacieuse, pour qui se laisse porter par l'énergie de l'enfance. Or le voyage est véritablement la clé de l'enfance de la vie.

Éloge du voyageur en nouveau-né

Les itinéraires touristiques sont soumis au conformisme au lieu d'être porté à l'aventure, ils préfèrent l'eau saumâtre à l'eau-de-vie. Pour sortir de ces situations terriblement ennuyeuses, il resterait encore l'ensauvagement des esprits, poussés par une révolte contre ces conditionnements silencieux qui, avant toute chose, verrouillent les consciences. Il faudra bien nous écarter résolument de cet ennui généralisé qu'on nous promet (mais avons-nous encore le droit d'espérer sans provoquer cynismes et ricanements ?), en nous vantant l'accès à un pays des merveilles parfaitement calibré. Un pays mis au format d'un centre de loisirs à l'échelle du monde. Médiocrités sous cellophane que tout cela, pour des individus devenus *prothétiques,* qui ne savent plus avancer qu'équipés d'une foule de prothèses techniques (moyens de locomotions et moyens de représentations) qui conditionnent leur accès au monde et s'interposent entre eux et le « réel ».

Que faire contre cet état de tiédeur, prélude à une impuissance généralisée ?

Cessons de déléguer nos forces à des outils sans âme. Voici quelques mois que j'observe ma fille découvrir le monde et m'apporter des bribes de solutions. Nous nous empressons d'oublier que nous naissons nus comme des vers, humbles et fragiles, pourtant emplis de cette vitalité qui nous fait devenir de toutes nos forces. Ce serait donc cela, l'âge de raison, une forme de perte de conscience, d'évanouissement volontaire. Voyager, n'est-ce pas devenir un nouveau-né de la conscience, pour éprouver l'amour et l'inquiétude des soleils et des pluies en d'étranges climats, les tremblements des corps et les jouissances insolubles, hors de tous les parcs d'attraction qu'on nous vante ? Ce serait avancer vers un espace originel de la conscience qui permettrait de rejoindre la profondeur des choses simples.

Mais au point où sont les choses, dans la confusion générale qui ne laisse parler à voix large que les tenants de l'artifice, de la prothèse et du gadget, il ne faudrait pas confondre cet ensauvagement avec les sursauts d'un chien qui s'ébroue.

Le voyage est liaison avec des grandeurs qui nous minent et nous traversent, nous sortent en dehors de nous-mêmes pour mieux nous y reconduire, plus universels. Ce voyage-ci refuse la réduction des espèces, humaines et non humaines, à l'état d'animateurs de supermarchés. Le monde ne doit pas devenir un magasin organisé pour la satisfaction d'un consommateur généralisé. Si l'art du voyage peut être celui d'une intensification de la vie et la découverte de son potentiel, l'époque n'est guère propice à pareil exercice, réduite au culte du divertissement plutôt qu'à la culture de la diversité.

Il ne reste plus qu'à résister à l'esprit du temps par le recul de la mise à distance et l'expérimentation des marges possibles. À la fois tout contre et à l'écart d'une époque qui voudrait nous vêtir de futilité, nous envelopper de ses filets mercantiles, jusqu'au bout du monde.

CHAPITRE 5

Plaisirs simulés, jouissances programmées : la standardisation du monde

Ainsi l'espace vernaculaire de la demeure est remplacé par l'espace homogène d'un garage humain. Les grands ensembles ont le même aspect à Taïwan ou dans l'Ohio, à Lima ou à Pékin. Partout vous trouvez le même garage d'humains – des casiers où entreposer la force de travail pendant la nuit, toute prête à être convoyée vers son emploi.

Ivan Illich[1]

Un bref panorama

Soyons réalistes. Le risque avéré du désir voyageur est aujourd'hui de voir ses fondations laminées par l'état du monde. Tentatives d'évasion et envies d'exploration entrent de plus en plus souvent dans une contradiction frontale avec le réel tel qu'il est devenu. Le pire est désormais que ces envies participent à anéantir la diversité qui les inspire. Apprêté pour vendre ses charmes non seulement aux premiers venus mais surtout au plus grand nombre, ce réel obéit à des processus de mise en vente qui promeuvent la

1. *Dans le miroir du passé*, Descartes & Cie, 1994, p. 67.

singularité des territoires et l'hospitalité des peuples au moment même où l'existence de caractères vernaculaires devient problématique, voire impossible. Au moment où la gratuité de l'hospitalité tend à devenir, presque partout, un service monnayable que le secteur touristique organise et s'approprie.

Si les premiers voyageurs étaient souvent des explorateurs, ils furent, parfois à leur insu, les éclaireurs des mouvements qui les suivraient. Tous ne se doutaient pas que les sentiers marginaux qu'ils empruntaient, parfois porteurs d'innovation culturelle et de nouveaux horizons pour la vie comme pour la pensée, deviendraient plusieurs dizaines d'années plus tard des lieux communs, c'est-à-dire des « autoroutes » touristiques inscrites dans des schémas de développement plus ou moins réfléchis. Autrement dit selon les endroits : plus ou moins chaotiques. Mais quoi qu'il en soit, ce chaos tant sociétal qu'écologique caractéristique des grands « booms » touristiques plaide toujours, au nom de sa mise en ordre, pour l'intervention des professionnels du développement, aménageurs des territoires, experts en tous genres ou techniciens, tous chargés de veiller au bon management des réalités humaines et naturelles.

Malgré l'inventivité des voyagistes et les stratégies de différenciation élaborées par les spécialistes du marketing territorial, bien peu d'itinéraires et de destinations à potentiel marchand parviennent à échapper longtemps à une triple standardisation :

- Standardisation des espaces d'accueil, aménagés, marqués, valorisés, sécurisés selon des principes interchangeables tels que la signalétique, l'affichage publicitaire, les formes d'urbanisation et, plus généralement, d'aménagement des territoires, par exemple.

- Standardisation des mentalités et des pratiques des sociétés d'accueil dont les acteurs sont tôt ou tard confrontés à un *devoir* mimétique de professionnalisation au nom de la qualité, de la compétence et de la sécurité, exigence qui introduit un rapport au travail proche de celui que connaissent les professionnels occidentaux. Le processus de spécialisation touristique tend évidemment à entraîner un changement structurel des sociétés d'accueil, lorsque la polyvalence et l'autonomie des pratiques traditionnelles cèdent la place à une division du travail accentuée (plus ou moins saisonnière) chez des *acteurs socio-économiques* dont les métiers deviennent exclusivement dédiés au tourisme, avec les dépendances que ces changements entraînent.
- Standardisation des pratiques touristiques elles-mêmes, réclamant les équipements adéquats pour une diversité croissante de pratiques, exigeant une diversité de lieux dédiés à leur accueil qui puissent convenir à toutes les bourses et proposer divers degrés de confort et de services, pour des touristes souhaitant échanger avec des professionnels formés, informés, évidemment souriants et compétents. Des professionnels obéissant aux règles du commerce et à la demande de leur clientèle.

Bien sûr, pour échapper à cela, nous nous prenons à rêver. À rêver d'une nature vierge, à des contrées « préservées », « authentiques », où nous pourrions oublier ce que nous sommes et d'où nous venons. Où nous pourrions explorer des natures et des humanités sauvées des artifices de la « civilisation ». Et nous y allons, individuellement nombreux, de plus en plus. Montagnes, déserts, Grand Nord et Grand Sud, Nouvelle-Guinée, Kalahari, Amazonie... Nous pouvons aller partout. Y aller suffisamment nombreux pour que la pression collective sur ces espaces naturels et culturels jusque-là préservés ne nuise à leur intégrité, n'en transforme les sociétés, n'en chasse les animaux, n'en pollue les sites les plus remarquables et fréquentés. Pour y accéder nous diversifions nos pratiques, à ski, en raquettes, en raft, à pied, en planche à voile, suspendus à une corde, à cheval... Tout est possible, ou presque. Et voilà qu'avec ce déploiement d'allers et venues et cette accessibilité améliorée des coins de moins en moins perdus, la présumée virginité, la sauvagerie rêvée se voient bafouées[2]. Les équipements signalétiques et les mobiliers divers prolifèrent et se ressemblent partout.

La plupart du temps, ce phantasme de virginité naturelle nous fait oublier que la nature des uns est la culture des autres. En nous répandant nombreux dans ces natures nous heurtons, parfois à l'insu de tous, les cultures qui en dépendent pour vivre. Cette ruée, même tranquille au rythme du marcheur, ne va pas sans incidences allant à l'encontre de la « sauvagerie » rêvée des lieux. Les équipements fleurissent au risque de faner les paysages, les routes quadrillent des sites qui doivent être accessibles au plus grand nombre, les passages sur les sentiers dérangent la faune et écrasent la flore, les décharges comblent les ravins. C'est à tel point que, des montagnes du Pakistan à celles du Mercantour, le

2. Sur le rapport aux grands espaces, on pourra lire R. Christin, *L'Imaginaire voyageur ou l'expérience exotique*, L'Harmattan, 2000, p. 157sq. Sur la question de leur accessibilité et de ses (néfastes) conséquences, on se reportera à E. Abbey, *Désert solitaire*, Payot, 1995.

démontage d'installations obsolètes et autres actions de nettoyage s'avèrent des axes opérationnels importants d'une association internationale comme Mountain Wilderness[3].

Le géographe Philippe Bourdeau[4] rapporte quelques chiffres relatifs au niveau croissant d'équipements dans les montagnes françaises entre 1986 et 2005:

- le nombre de sites d'escalade équipés est passé de 870 à 2 300 à moins de 1 600 mètres d'altitude;
- le nombre de canyons équipés est passé de 10 à près de 500;
- on est passé de 40 000 à 60 000 kms de sentiers de grande randonnée balisés;
- le nombre de sites de vol libre est passé d'environ 100 à 400;
- enfin, on est passé de 0 à 100 itinéraires de *via ferrata*.

Contrairement à ce qu'affirme le dicton, la nature n'a pas horreur du vide; c'est l'homme de l'hypermodernité qui ne le supporte pas, dans le même temps qu'il ne se supporte plus lui-même. Plus il va loin s'oublier, plus il sème partout ses signes, et moins il parvient à sortir de ses propres traces. Alors les publicitaires et la communication lui soufflent le culte de la nouveauté, des «premières», des sites encore inviolés à pénétrer, là où vivent les «derniers» peuples soi-disant authentiques, fiers, farouches… Plus ils iront nom-

3. Voir par exemple le n° 67 (été 2006) de la revue *Mountain Wilderness:* «Installations obsolètes: une nouvelle étape à franchir» et la brochure «Installations obsolètes: Nettoyons les paysages montagnards».
4. Philippe Bourdeau, «Les sports de nature valorisent la montagne, mais la soumettent à une très forte pression», in *La Revue Durable,* n° 21, juillet - août - septembre 2006.

breux, plus le tapage grandira, plus le bocal se refermera. Jusqu'où ce stratagème fonctionnera-t-il ? Parviendra-t-il à nous transporter dans les étoiles, à nous catapulter à travers l'espace intersidéral ? Cet espace qu'alors nous nous empresserions d'emplir de nos technologies, de nos équipements, de nos innombrables objets-déchets... Mais pourquoi parler au conditionnel alors que le phénomène a déjà commencé ?

Face à ces constats, certains regimbent, comme certains voyagistes dits d'aventure. Ces processus de domestication sont incompatibles avec l'aventure qu'ils affichent, et ils le savent, même si peu s'attardent sur le fait que l'organisation qu'ils vendent consomme déjà le deuil d'une « aventure » qui n'a plus rien d'une embardée marginale ou audacieuse. Histoire de signaler leur différence, ces voyagistes sont tentés de revendiquer la minorité de leurs effectifs. Il leur arrive pourtant d'oublier que les produits qu'ils élaborent, coordonnant diverses prestations et exigeant certaines normes qualitatives et sécuritaires, s'inscrivent de plain-pied dans un schéma culturel conduisant à plus ou moins court terme au management du monde, y compris dans ses endroits les plus reculés. Et, jusqu'à l'arrivée de touristes en nombre grandissant, les plus préservés.

Ce management producteur de parcs, d'espaces réservés, surcodés (qui sont aussi des espaces de consommation), est en outre trop souvent rendu nécessaire pour gérer l'impact des pratiques sur les sociétés locales et les écosystèmes. Certains environnementalistes se réjouissent de la multiplication des aires naturelles protégées, sans voir qu'elles entérinent à leur tour le divorce entre nature et culture. L'anthropologue Philippe Descola le souligne : « en faisant de la nature un objet fragile dont le contrôle ne serait plus assuré par le capitalisme d'antan, mais par les techniques rationnelles de gestion des ressources propres au management moderne, les mouvements de protection de la nature ne remettent aucunement en cause les fondations de la cosmologie occidentale, ils contribuent plutôt à renforcer le dualisme ontologique typique de l'idéologie moderne[5] ». Une fois encore, la boucle se boucle inexorablement : le monde se bocalise et s'uniformise culturellement.

Ainsi tous les parcours deviennent progressivement fléchés, et même le voyageur indépendant, soucieux de le rester et pour cela refusant toute organisation, ne leur échappe plus que très difficilement. Ceci malgré ses tentatives acharnées, parfois désabusées et pathétiques, de sortir des réseaux balisés, des parcours obligés, des prestations de services en tous genres, des organisations envahissantes, des espaces aménagés par et pour cette idéologie pratique du développement, travaillant avec une redoutable efficacité à l'occidentalisation du monde – c'est-à-dire brisant avec plus ou moins de douceur des identités locales et des arts de vivre ensemble, au nom de l'efficacité, du progrès et de la lutte contre la « pauvreté ».

Un tel diagnostic conduit à concevoir le tourisme comme une voie de diffusion de l'identité occidentale, avec le développement et le culte de la croissance économique comme justifications idéologiques, la conversion des sociétés à l'économie de marché comme modalité pratique.

---

5. Philippe Descola, « Diversité biologique, diversité culturelle », in « Nature sauvage, nature sauvée ? Ecologie et peuples autochtones », *Ethnies* n°s 24-25, printemps 1999.

Une étrange monotonie culturelle

> *Il y a chez l'homme moderne un besoin de simplification qui tend à se satisfaire par tous les moyens. Et cette monotonie artificielle qu'il s'efforce de créer, et cette monotonie qui envahit de plus en plus le monde, cette monotonie est le signe de notre grandeur. Elle marque l'empreinte d'une volonté, d'une volonté utilitaire ; elle est l'expression d'une unité, d'une loi qui régit toute notre activité moderne : la loi de l'utilité.*
>
> Blaise Cendrars, *Moravagine*[6]

Comment ne pas trouver, dans ces lignes de Cendrars publiées en 1926, le remarquable pressentiment de ce que nous appelons aujourd'hui la « mondialisation », sous entendu : de l'économie de marché à l'occidentale. À ces phrases de l'écrivain bourlingueur font écho celles de l'ethnologue Pierre Clastres, qui écrivait dans ses *Recherches d'anthropologie politique*[7] : « La plus formidable machine à produire est pour cela même la plus effrayante machine à détruire. Races, sociétés, individus, espace, nature, forêt, sous-sol ! Tout doit être utile, tout doit être utilisé, tout doit être productif, d'une production poussée à son régime maximum d'intensité. »

La mondialisation économiste accompagne depuis le XVIIIe siècle l'expansion du marché et du mode de production industriel, débordant du cadre local vers l'international, sortant progressivement des cadres traditionnels et

6. Grasset, 1926, p. 131-132.
7. Pierre Clastres, *Recherches d'anthropologie politique*, Le Seuil, 1980, p. 56.

imposant les siens sur l'ensemble du globe[8]. Karl Polanyi a magistralement montré cette autonomisation progressive de l'économie en tant que sphère à part de l'existence sociale des sociétés occidentales. Extraite de la vie sociale qui jusque-là l'encadrait par ses usages, cette dimension particulière qu'est l'économie est même parvenue à complètement renverser les rapports qu'elle entretenait avec la société. Auparavant, la société englobait et contenait l'économie, or voilà désormais l'économie englobant et contenant la société, qu'elle soumet presque intégralement à ses impératifs. Il existe désormais, en effet, de moins en moins de domaines de l'existence sociale qui sont affranchis des logiques et des normes économiques, devenues des critères de socialisation. Et cette économie a envahi le monde, écartant les usages qui lui préexistaient et qui avaient fait la preuve de leur efficacité, sans que cette performance fût pour eux un mobile.

Le touriste n'échappe pas à cette expansion du grand Marché planétaire puisqu'il en est l'un des multiples produits. Dans ce monde, soumis au principe d'utilité et aux règles du productivisme, quelles explorations restent possibles? Bien sûr, toutes les découvertes restent possibles pour l'individu qui voyage, c'est une question de regard et d'attention. L'interrogation paraît incomplète, alors renforçons-la d'une autre: le désir d'exploration (des autres, des territoires, de soi), avec la part de risque et de remise en cause qu'il suppose, est-il encore une motivation touristique? Pas sûr. La consommation de la planète à des fins de divertissement a pris le pas sur son exploration. Sa mise en

8. Sur ce processus, lire Karl Polanyi, *La Grande Transformation (op. cit.)*.

production relègue au dernier plan la gratuité de sa connaissance.

«Aller voir ailleurs s'il y a de l'inconnu derrière la porte», écrit Joël Vernet dans un remarquable livre d'«impressions du Pays dogon[9].» Eh bien, il est à se demander si cet inconnu est encore l'aimant du touriste, tant le tourisme semble convertir le réel à des logiques réduisant le divers au divertissement, domestiquant l'inconnu pour le rendre serviable, c'est-à-dire pour le convertir en services et serviteurs. Aussi rencontrons-nous de bonnes occasions de nous interroger avec Serge Latouche: «Certes, il y a encore des cases de boue séchée où des indigènes demi-nus qui portent des scarifications sacrifient aux fétiches; mais pour combien de temps encore? Ne rêvent-ils pas de remplacer le pisé par des parpaings, la paille du toit par des tôles ondulées, la lampe à pétrole par l'électricité, les fétiches par des appareils électroménagers et des savants? Le voudraient-ils, pourraient-ils échapper à l'unification de l'univers alors que l'œil des plus puissants satellites peut observer leur moindre mouvement et que leurs oreilles peuvent enregistrer leurs conversations intimes? Le temps du monde fini a bien commencé et il a commencé comme fin de la pluralité des mondes[10].»

Dès lors, la sortie de ses propres apprentissages, de ses certitudes et de ses normes se voit reléguée au rang d'un improbable mirage qui plane à l'horizon du désir voyageur, et que peu de touristes semblent finalement disposés à réaliser. Voyez-vous, le «développement» et la «modernisation»

---

9. Michel Castermans (photographies) & Joël Vernet (textes), *La montagne dans le dos*, Le Temps Qu'il Fait, 2005.
10. Serge Latouche, *L'occidentalisation du monde, op. cit.*, p. 49.

sont des choses si nécessaires, aussi indispensables que la bonne conscience et l'esprit de supériorité. Le voyageur évasionnel risque à chaque virage la frustration, à moins que la peur n'ait été si bien diffusée que les sécurités de l'entre-soi-où-qu'on-soit ne compensent ces frustrations, transformant ce voyageur en insulaire de centres touristiques tout-en-un d'où toute surprise a été soigneusement évacuée. La réalité est convertie en Disneyland où le divertissement remplace la diversité.

À l'opposé de ces retrouvailles entre-soi, on trouverait donc le désir sauvage qui conduit le candidat au dépaysement jusqu'aux endroits les plus isolés du globe, parmi les grands espaces et les peuples qui échappent encore au modèle unique de la « civilisation ». Il est probable en effet que ce voyageur éprouve une fascination pour ces peuples qu'avec Éric Julien nous appellerons peuples « racines »[11]. Ces peuples cultivent leur identité à l'écart des pressions – ou plutôt *contre* ces pressions, de plus en plus souvent – des sociétés développées et les touristes-explorateurs les cherchent dans les jungles ou la toundra comme si ces sociétés incarnaient une dimension refoulée d'eux-mêmes. Sûrement en réalité, car il y a dans ces modes de vie et les modèles relationnels qui les animent de quoi soutenir aussi l'avenir de nos sociétés rongées par un individualisme concurrentiel et une rupture d'avec la vie qui habite et anime la « nature ». Et le désir de l'Occidental sent, le plus souvent de manière confuse, que se trouvent là, virtuellement, des forces de régénération culturelle. Cette sensation éveille en lui quelques doutes quant à son mode de vie dont

11. Eric Julien, *Le chemin des neuf mondes*, Albin Michel, 2001.

il pressent l'insécurité socio-écologique, l'inconsistance des valeurs, dont il subit les contraintes économiques.

Or, désormais le paradoxe est tel que plus le voyageur, en quête d'une vie plus harmonieuse avec les autres et la nature, entre en contact avec ces peuples lointains, plus il risque de participer à leur anéantissement. Le cas échéant, *c'est alors qu'intervient le simulacre, qui doit prendre en charge le remplacement fictionnel du disparu,* en substituant à son corps de chair un corpus de signes. À titre d'exemple, notons que c'est au moment où disparaissent les nomades traditionnels que l'imaginaire du nomadisme fait rêver nos sociétés et que l'usage du terme (le nom et l'adjectif) se diffuse avec plus ou moins de pertinence. Ne parle-t-on pas, à tout bout de champ, ou plutôt à tout coin de bureau et de rue, de ces technologies portables soi-disant « nomades » qui accompagnent le prétendu « nomade » hypermoderne ? Pendant ce temps, les nomades authentiques se heurtent aux multiples frontières qui entravent leur mode de vie. Paradoxe dramatique de l'esprit du temps, qui *recycle en signe virtuel ce qu'il élimine réellement*.

Le signe contre le réel

On m'objectera que l'altérité demeure, que les peuples s'affrontent, que les autonomismes affleurent sans cesse, que les régions revendiquent leurs particularités. On m'objectera encore que les terroirs se structurent, réclamant aux produits d'être d'origine contrôlée, d'afficher leur étiquette comme les hommes leurs papiers d'identité. Certes : origines contrôlées et papiers d'identité font recettes. La traçabilité des hommes et des produits est à l'ordre du jour, y compris à l'égard de ces touristes qu'il faut marquer comme des moutons. Une fois identifiés, il est possible de les distinguer des autochtones ou de dissuader les enlèvements que ceuxci pourraient fomenter contre ceux-là. La science-fiction devient avérée, comme en témoignent ces lignes de l'écrivain Philippe Curval : « Tout a commencé au cours d'un voyage au Mexique. Depuis des années je cherchais à me rendre en un lieu sans voie de communication, Bahias de Huatulco. Or voici qu'on transformait cette partie sauvage de la côte Pacifique en complexe balnéaire. Avant que les dégâts ne soient définitifs, je réservai une chambre au hasard. À peine arrivé, on me boucla un bracelet plastique autour du poignet. Je protestai en vain. Comme tous les prisonniers de vacances, il me fallait porter cette menotte touristique. Matricule qui me distinguait des intrus du cru cherchant à s'infiltrer par tous les moyens dans le camp de luxe[12]. »

Prise dans l'étau du nivellement, l'identité, devenue produit de consommation ou objet de revendication, devient construite plus que spontanée. C'est quand l'identité pose problème qu'elle est revendiquée, qu'elle se ferme et enferme, qu'elle se fait argument, arme de poing ou de longue portée. Et c'est lorsqu'elle s'évanouit qu'élus et techniciens s'en emparent, de manière à renforcer, au fil des « politiques de développement », l'attractivité de leur territoire au regard de touristes avides de clichés, d'imageries couleur locale, de produits de terroir, de « qualité de vie » et « d'activités de découverte ». L'identité, de spontanée, devient artificielle et surannée quand elle entre dans les visions stratégiques du développement local qui la folklorisent.

---

12. Philippe Curval, *Rasta solitude*, Flammarion, 2003, p. 13.

Et, une fois encore, nous n'échappons pas aux contradictions du présent car c'est au nom de ce développement-ci qu'on a laminé et qu'on lamine encore les identités, pour mieux leur imposer des pratiques qui n'ont jamais été les leurs, ou les recycler en offres de vente. Pour paraphraser Ivan Illich, je dirais que l'identité devrait faire partie des communaux : elle unit naturellement ceux qui la partagent et distingue un groupe ou un milieu d'un autre. Elle devrait être un élément d'autonomie et non d'autarcie, car une fois transformée en système fermé, l'identité devient mortifère, tant pour le groupe qui l'arbore que pour les autres qu'elle expulse hors de ses frontières, mentales, culturelles, géographiques.

L'identité évolue entre reconnaissance (chez ceux qui la partagent) et méconnaissance (entre eux et les autres), mais désormais l'édification technocratique et méthodique des identités locales est lourde de risques. Risques d'*exacerbation* et du recours outrancier au *territoire*, lorsque la reconstruction des identités sur le point d'être perdues s'agrippe à la rigidité de critères qu'elles revendiquent avec plus ou moins d'agressivité. Risques de *simulation*, lorsque la survivance des mobiles touristiques exige la reconstruction factice du divers. Folklorisations et autres amusements déguisés en représentent l'illustration parfaite, lorsque l'Amérindien doit porter des plumes dans les cheveux et être habillé d'une veste à franges pour être à la hauteur de sa représentation.

À cet endroit il me faut faire une confidence. Il y a quelques années j'ai travaillé, une saison d'hiver, comme accompagnateur de « voyages d'aventure » dans le Sahara libyen. Une petite agence française avait trouvé bon de me recruter et je passais mes journées à marcher dans de grandioses décors. La plupart du temps je servais de médiateur entre l'équipe de Touaregs qui assurait la logistique et les clients en mal de grands espaces. J'ai quelquefois rencontré des gens formidables parmi ces marcheurs qui n'étaient pas des aventuriers. Je me souviens encore de l'étonnement d'une dame d'un certain âge observant un Targui qui venait de dérouler son chèche, offrant ainsi son visage aux regards, qui déclara : « finalement, ce gars-là est banal ». À qui croyait-elle donc avoir affaire ?

Cette réduction du vivant à des images préfabriquées est dommageable. La réalité même en ressort délégitimée en raison de sa non-conformité à l'imagerie en vigueur. Sur ce point, les usages en matière de restauration et de valorisation des lieux sont fréquemment ambigus, de par le sentiment touristique et le type d'expérience qu'ils inspirent. C'est par exemple le cas de ces réhabilitations muséographiques de quartiers changés en « réserves patrimoniales », où le visiteur avance pris en charge par les procédés de la pédagogie-spectacle, tandis qu'il fustige l'habitant si celui-ci n'est pas suffisamment « couleur locale ». Un comble pour les soi-disant chercheurs d'authenticité !

CHAPITRE 6

S'évader du tourisme ?

Aventure est le nom qu'il faut garder. Un mot qui a été détourné de son sens. Un mot aujourd'hui estropié, d'avoir servi de fourre-tout, de va-tout, d'exutoire aux incapacités. Un mot qu'il faut maintenant retourner : l'arracher comme un vêtement dans lequel se sont drapés les sinistres apôtres de la conquête et les profiteurs confits d'exotisme.

J.M.G. Le Clézio[1]

Les illusions du tourisme durable

La terre est ronde, et chaque pas qui m'éloigne de mon point de départ m'en rapproche. Constat banal que ce bouclage géographique des itinéraires, qui ôterait presque aux voyageurs toutes leurs motivations. Comme justification pour légitimer nos déplacements d'agrément, il nous resterait donc le recours à la responsabilité pour voyager en bonne conscience. Tourisme responsable, équitable, durable, c'est selon. Cette responsabilité sociétale qu'on demande aux entreprises, au risque d'insidieusement les investir de missions de services publics et de les voir régler la vie sociale selon d'étranges calculs, s'impose également en

1. *Raga, approche du continent invisible*, *op. cit.*, Seuil, 2006, p. 130.

matière touristique et s'attache aux prestataires (entreprises ou associations) comme aux clients.

On souhaiterait ce beau monde plus responsable de ses choix, voire plus militant. Ou la conscience de ses actes transformée en produits, dans un monde qui se sait de bout en bout imprégné d'économisme. Entre opportunisme et conviction, s'organise la concurrence acharnée des prestataires, cette concurrence qui pourrait justement les « obliger » à sacrifier l'éthique au profit. Dans le cadre économique que nous savons, le contraire est-il longtemps possible ? Préférer le moindre mal n'est sans doute pas le pire des calculs à court terme, cela semble immédiatement plus facile que de refaire le monde. Mais il s'agit d'une stratégie sans ambition, propice aux illusions, terriblement inconsistante si l'on souhaite sortir de l'ornière.

Comme je l'ai déjà écrit, les schémas culturels du tourisme traditionnel ne sont pas fondamentalement remis en cause par les exigences du tourisme responsable. Le développement local cède, au moins dans les mots, la place au développement durable, ce qui ne représente en rien une alternative. Si les discours et la « com' » changent, les fondements des réalités ne suivent pas le mouvement aussi facilement. Ces formes « responsables » de tourisme ne sont pas sans impacts, négatifs y compris. Quoi qu'il en soit, il conviendrait de mieux les évaluer, notamment dans le cadre de cette recherche de moindre mal, tant que les déficits énergétiques qu'on nous promet ne viendront pas tempérer l'ardeur de nos déplacements lointains. Mais ne nous lamentons pas, alors le Grand Voyage redeviendrait possible car le déplacement s'avérerait de nouveau une expérience en soi, délivrée de la prise en charge des mécaniques motorisées. La distance, en redevenant une épreuve, donnerait à l'aventure un rôle à nouveau intéressant. Vive la pétrole-apocalypse que certains nous promettent et que nous n'avons pas su anticiper, à force de suffisance et de vision courte[2] ! Elle au moins nous poussera à agir.

En attendant il pourrait s'avérer tentant, constatant la prégnance du fait touristique, d'admettre que le phénomène puisse être tempéré et de faire comme s'il était possible de le réorienter. Je peux toujours me raconter des histoires et vous en raconter au passage. Ce livre deviendrait plus divertissant si je l'assaisonnais avec de la poudre de perlimpinpin. Après tout, n'est-ce pas ce que font les tenants du durable tous azimuts ? Quelles seraient alors les dimensions à étudier pour un tourisme aux dégâts atténués, dans l'optique de prévenir une trop grande perte d'autonomie socio-économique et d'éventuelles déstructurations culturelles des sociétés réceptives, notamment dans les pays du sud ? Voire de favoriser une contre-occidentalisation du monde en valorisant les contenus culturels des sociétés d'accueil, à leurs propres yeux avant tout :

- *Valoriser systématiquement les connaissances et les savoir-faire traditionnels :* autrement dit, soutenir la culture locale face à un éventuel choc culturel, en recensant les connaissances et en assurant leur adaptation et leur transmission dans le cadre d'activités touristiques. Ces connaissances sont celles des usages relationnels et naturels : les plantes, la médecine, les mythes, l'agriculture, la chasse, les techniques de vie quotidienne et de déplacement, l'art de vivre, etc. Cela signifie : 1) demander aux touristes de sortir réellement de leurs cadres de

2. Yves Cochet, *Pétrole Apocalypse*, Fayard, 2005.

références et d'être enseignés plutôt que le contraire; 2) associer les autochtones à l'élaboration des services à vocation touristique 3) le cas échéant, l'accompagnateur occidental fait office de simple médiateur. Cela suppose que toutes les prestations touristiques ne sont pas également pertinentes selon les contextes. Celles-ci doivent être élaborées à partir de la culture locale et des spécificités territoriales, des potentialités des lieux et des règles de la vie sociale, de manière participative. Il est alors nécessaire de respecter les équilibres relationnels existants pour perturber le moins possible la vie sociale.

- *Veiller à intégrer les activités touristiques parmi les activités locales de la manière la plus équilibrée possible, c'est-à-dire sans perte d'autonomie socioéconomique.* Un certain nombre de questions doivent être posées: les activités touristiques contribuent-elles à diversifier les activités des habitants (et donc leurs sources de revenus) ou, au contraire, remplacent-elles des pratiques désormais jugées désuètes, économiquement peu rentables, accroissant de ce fait les dépendances vis-à-vis de l'extérieur? Que se passerait-il alors si l'activité touristique devait cesser? Objectif: favoriser la polycompétence pour ne jamais devenir dépendant du tourisme.
- *Évaluer la pression écologique des activités touristiques*: une fréquentation accrue d'un site peut avoir évidemment des conséquences néfastes en matière d'assainissement, d'évacuation des déchets, provoquer une raréfaction de la ressource en eau, en bois, en nourriture..., et, plus généralement, occasionner des pollutions diverses qui peuvent vite dépasser les capacités de traitement – voire les capacités de survie – des populations concernées. Cette veille écologique mérite d'être

organisée et conduite par la société réceptive, qui reste la plus compétente pour fixer des seuils d'acceptabilité.

J'insiste, prenant ma part de responsabilité dans ce genre de recommandations à double tranchant, sur le fait qu'il ne s'agit là que de pistes pour un moindre mal, ayant comme inconvénient possible – et le cas échéant, redoutable – de faire durer ce mal plus longtemps. Autant de stratagèmes qui tiennent compte de l'incontournable réalité du fait touristique pour s'en débarrasser. Il faudrait donc les concevoir comme des transitions vers une vie sans tourisme. Mais, voyez-vous, je ne suis pas sûr de mon coup. Puisque le tourisme s'inscrit dans un système socio-économique global porteur de lourdes défaillances, il ne peut exister de solutions idéales en matière touristique, seule une pensée systémique et complexe pouvant apprécier, au cas par cas, lieu par lieu, l'ampleur, la lourdeur du phénomène et les capacités des peuples de se bricoler, *malgré tout*, quelques espaces de légèreté.

Dans l'idéal, il vaudrait mieux cependant se désengager, toutes affaires cessantes ou progressivement selon les cas, de nos activités les plus destructrices. Il faudra bien un jour sortir de la société touristique pour faire cesser la touristification du monde.

Ne soyons toutefois ni naïfs ni exagérément optimistes. Si, au nom du retour à une saine réalité, je me surprends assez régulièrement à rêver d'un effondrement brutal de cette illusion qu'est l'économisme ambiant, cette jubilation d'imaginer l'industrie touristique chuter d'un coup se voit refroidie par un soupçon de culpabilité : me délecter du malheur immédiat d'autrui ne va pas sans un soupçon de mauvaise conscience. Cette intruse s'en vient troubler mon plaisir. Pour ma défense, je dirais que, de toute façon, j'en serais moi-même affecté, d'une manière ou d'une autre, de près ou de loin. Si cela advenait, mon sort serait donc lié à celui d'autrui. Peutêtre pourrions-nous rire ensemble, alors, dans l'espoir qu'un tel choc entraînerait d'indispensables changements dans nos existences ? Bien sûr, dans ce contexte d'effondrement généralisé, des pans entiers de l'économie mondiale s'écrouleraient, laissant des myriades de pauvres bougres sur la paille. Une version plus heureuse paraît malheureusement peu probable : nous n'allons pas demain nous retrouver dans un monde sans tourisme au motif que la vie quotidienne ne nécessiterait plus ces compensations vacancières destinées à rendre l'existence acceptable. Nous ne sommes pas à la veille de pareil redressement de situation.

Néanmoins, à l'heure où nos mobilités faciles sont menacées par la hausse du prix des carburants, quand nous massacrons le monde par notre style de vie, il convient de s'interroger, tant qu'on a encore un minimum de choix : comment s'échapper du tourisme ? comment s'en passer ? comment bien vivre sans lui ? comment voyager vraiment ? Vastes questions.

Tristesse du quotidien

Notre relation au tourisme et la nécessité vitale de « partir » interroge la qualité de notre vie quotidienne. Rien de moins. Voici en effet ce qu'il est possible de lire sur le site internet d'Aventuriers du Bout du Monde[3], association où les touristes peuvent échanger tuyaux et expériences, trouver des informations sur diverses destinations :

3. Cf. www.abm.fr.

« Nos motivations touristiques sont infinies. Pour la plupart d'entre nous, elles naissent souvent de la nécessité de vivre bien ce que l'on vit mal (ou pas) chez soi parce que sa vie est parasitée, polluée par des contraintes morales, sociales, professionnelles ou domestiques. Certains voudraient s'en échapper afin de retrouver des valeurs personnelles souvent brimées ou refoulées. On voudrait reconstituer tout ce qui est émietté le reste de l'année, dans un cadre où n'interféreraient plus ces contraintes quotidiennes et où nous serions notre propre chef d'orchestre. Être responsable de ses propres contraintes pour oublier tout ce qu'on a mal vécu pendant un an (ou une vie ?) et se reconstruire, se réapproprier la partie bafouée de son identité de "sédentaire", de "travailleur". »

Tristes constats. Le diagnostic est posé, à partir duquel œuvrer en vue d'une transformation profonde. Cette situation délétère, le tourisme la divertit avec une redoutable superficialité. Plus encore, il l'anéantit en tant que problème, non content de seulement faire diversion, en laissant croire que le seul mode de vie viable est celui qui permet à une minorité de se comporter en visiteur d'une planète suante et essoufflée. Or ce visiteur doit bien mesurer la nature dévastatrice de son impact : dévastatrice pour le quotidien d'autrui et le sien propre, même s'il est malvenu de s'en apercevoir. Son mode de vie ressort même de ce genre de distraction conforté : « On en bave et on s'ennuie, mais au moins peut-on se payer une bonne tranche de temps en temps. » La question cruciale est plutôt celle-ci : comment intégrer dans nos vies quotidiennes les remèdes à ces manques, comment agir à la source et transformer notre quotidien ? Un impératif s'impose : y parvenir bientôt, car nous ne bénéficierons pas indéfiniment du luxe de nos compensations touristiques.

Semblable constat inspire chez ceux qui éprouvent ces manques deux types de comportements. Ils oscillent entre la tentation de se défouler, de « s'éclater », et, plus rarement, le désir d'introspection, de sublimation, de libération grâce à une certaine forme de connaissance, qui peut déboucher sur une transformation intérieure, parfois inspiratrice d'un certain activisme social. La première pratique, ludique et égoïste, recherche le divertissement, la seconde, plus silencieuse, aborde la diversité des situations comme autant de mises à l'épreuve révélatrices de soi, exploratrices du monde, de ce qu'il est et de ce qu'il pourrait être.

Le secteur touristique s'occupe plus précisément des premiers, plus rentables. Il est dédié au plein épanouissement de leurs pratiques de loisirs, il en organise la cohérence, en provoque la nouveauté par le renouvellement de l'offre. Il programme le déploiement des divertissements énergivores à l'échelle des territoires. Ainsi vous pouvez piloter un quad sur les pistes africaines, un jet-ski à Cannes, utiliser votre voiture pour vous rendre en Isère où sauter en élastique, et, deux jours plus tard, voler en parapente dans les Pyrénées…

De leur côté, les praticiens du silence et de l'attention voyageuse traversent les secteurs sans jamais leur appartenir. Ceux-là, – peu importe leur allure –, vivent l'essentiel de leur vie en dehors parce qu'ils sont ceux qui approchent au plus près du fond d'eux-mêmes, de leurs grands espaces intérieurs.

Que faire de nos existences pour que ce que nous allons chercher ailleurs soit trouvable ici, dans le voyage de la vie qui nous a été donnée à la naissance ? Car c'est ici que commencent tous les voyages, nourris des seuils invisibles que le passage rend sensible, à condition que nous prêtions aux chemins qui les franchissent toute l'attention qu'ils méritent. Pour le tourisme la destination importe plus que le chemin, réduit à n'être qu'un tunnel spatio-temporel sans importance, simple transit, routier ou aérien, entre des lieux sans intérêts et uniformes (aéroports, échangeurs routiers, aires d'autoroutes…). Or, il convient pour qui entend voyager de rendre à l'itinéraire toute sa mesure, toute sa puissance d'éveil, d'attention, de transformation. Il faudrait, nous susurre-t-on, qu'entre notre domicile et la destination de nos rêves, le chemin soit le plus court possible, et peu importe qu'aéroports, autoroutes et gares soient presque partout semblables les uns aux autres : il faut vite les traverser pour ne plus les voir, que leurs souvenirs sitôt se dissipent. Ainsi se banalisent nos paysages quotidiens, tissés de ces lieux sans âme et de cette laideur grise qui prolifèrent. Ainsi s'uniformisent nos expériences, se grisaillent nos existences.

Les pistes du voyage

Préférer le chemin à la destination est une partie de la solution, qui fait du cheminement un acte de haute importance. Elle impose de porter une attention profonde, riche de sens, sur le moindre paysage quotidien que les aménageurs devraient envisager à chaque fois comme un lieu dédié à la vie, et non comme un lieu de non-vie, un non-lieu bassement fonctionnel.

Pour que le chemin demeure significatif et alchimique, une certaine forme de sobriété est requise. Elle consiste sans doute à voyager moins souvent pour éviter le syndrome du voyageur blasé, en partant plus longtemps, ou en ayant mûri ses finalités pour que la pérégrination soit animée d'un sens qui fasse de la vie une révélation de « quelque chose », en soi et au-dehors. Chacun pourra désigner ce quelque chose par un motif à sa convenance.

Pour voyager en profondeur le voyageur trouvera avantage à soupeser les moyens qu'il utilise. De ces moyens dépend la nature de l'expérience. Trois journées à pied peuvent vous modifier pour la vie. Préférer ce qui ajoute au vécu, se détourner des mécaniques lourdes qui occultent les sensations du dehors par leurs propres brouhahas. Canots, bicyclettes, voiliers, aller à pied, à cheval… au plus près des éléments, pour obtenir de quoi enrichir l'expérience ; ces sensations à présent peu courantes dévoilent de nouvelles perspectives. Voilà de quoi vivre en prise directe avec la réalité. Avions et automobiles font un effet de pare-brise qui anesthésie les sensibilités et transforment les trajets en espace-temps virtuels.

Une certaine lenteur est un attribut à ne pas négliger. Sillonner un lac à la rame ou à bord d'un canot hors-bord sont des expériences fort différentes, qui ne fournissent pas les mêmes conditions de découverte. En outre, les mobilités douces ont pour avantage indéniable, par les temps qui courent, de moins dégrader la planète que les grosses mécaniques. Lorsque celles-ci restent incontournables, qu'on les prenne à plusieurs plutôt qu'en solo, ce seront autant de pollutions d'évitées. Quelle cohérence écologique y a-t-il à conduire 150 kilomètres en « autosoliste » pour six heures de marche en montagne afin de goûter au grand air, alors que l'automobile est le mode de transport le plus consommateur d'énergie au kilomètre par passager, après l'avion court courrier ?

À titre individuel, vous trouverez peut-être anodin ce genre de considération. Pourtant l'association *Mountain*

Wilderness a calculé que si 1 300 de ses adhérents « remplacent un court déplacement en voiture par un trajet à pied ou à vélo une fois par semaine seulement, ils évitent 50 000 kilomètres de trajets automobiles, qui auraient consommé 4 000 litres de carburant et rejeté plus de 10 tonnes de gaz polluants dans l'atmosphère[4] ». Étonnant, non ? Car les praticiens de la montagne, pour les prendre en illustration, sont des touristes comme les autres : eux aussi préfèrent le sommet convoité à la route pour y parvenir. Celle-ci doit être la plus courte et la moins contraignante possible. Ce faisant, ils contribuent à éloigner le plaisir de l'air pur et du calme de leur quotidien, pollué par les voitures qu'ils conduisent pour avaler les distances qui les éloignent de… l'air pur et du calme ! Cercle vicieux.

« Ce que nous aimons en montagne c'est le calme, l'air pur, une nature préservée… Alors ne peut-on pas revoir nos itinéraires en fonction de l'offre de transports en commun et faire appel à notre imagination pour combiner les modes de transport ? D'aucuns peuvent y voir une contrainte supplémentaire, mais d'autres y trouveront une formidable opportunité pour ouvrir un grand éventail de possibilités de randonnées à pied, à ski, à vélo, et intégrer le voyage, avec ses inconnues et ses rencontres, dans la pratique de la montagne », suggère *Mountain Wilderness*.

Dans un système tentaculaire comme le nôtre, il n'est pas toujours possible de mettre intégralement ses actes en conformité avec ses idées, mais il est facile d'au moins

---

4. Cf. la brochure : « *Mountain Wilderness* veille au maintien des équilibres, remet en cause les pratiques déraisonnables, propose des approches douces pour la montagne », août 2007, www. france. mountainwilderness.org.

commencer par remettre en question ses habitudes. C'est déjà manière de se mettre en route, sur la voie du voyage.

Pourquoi ne pas associer Orient et Occident en adoptant l'attitude du non-agir, pour emprunter à la terminologie taoïste, et la «*leave no trace attitude*», en s'inspirant du concept de *wilderness* cher aux Nord-Américains?

J'ai découvert cette «attitude du sans-trace» lors d'une expédition de deux mois en canot dans le nord canadien (territoires du Nord-Ouest), une brochure l'explicitant m'ayant sauté dans les mains. Bien sûr, celle-ci était éditée par l'administration des parcs. Pourtant je n'arpentais pas le territoire de l'un d'entre eux. En réalité, ma compagne et moi collectionnions les informations dans l'espoir de trouver la recette qui nous protégerait des ours qui pullulaient dans notre sillage, à tel point que je nous imaginais presque la proie d'un esprit farceur. L'intéressant dans cette histoire, c'est que l'attitude du sans-trace que ces parcs promeuvent contribuerait à ne plus les rendre nécessaires si celle-ci était intégrée au fonctionnement global de nos sociétés. Cette remarque n'est valable que s'il est possible de prouver que l'objectif prioritaire des parcs est la protection des espaces plutôt que l'attraction du chaland. Quoi qu'il en soit, la finalité essentielle de cette finesse comportementale est d'atténuer notre impact sur la réalité, d'éviter de l'aménager sans vergogne, de laisser la nature y mener sa vie et d'y mener la nôtre avec le moins d'interférences possibles, avec respect, discrétion et bienveillance. Cela revient à disperser les pierres du foyer une fois que l'on quitte un endroit, à recouvrir de terre les braises pourtant éteintes, à ne rien laisser de matériellement visible, à ne pratiquer aucun aménagement destiné à durer.

On me rétorquera peut-être que tous les règlements des parcs imposent ce genre de comportement, que le problème n'est pas le même dans les espaces peuplés d'Europe ou dans les solitudes des forêts canadiennes. Or c'est justement parce que ce comportement n'est pas intégré en profondeur qu'on tente de l'imposer de l'extérieur, dans nos sociétés qui valorisent plutôt le tapage que la discrétion. Il trouve d'autant mieux ses raisons là où les pressions humaines sont les plus importantes.

Cette attitude du sans-trace et du moindre impact ressemble fort à celle que J.M.G. Le Clézio a repéré chez les habitants de Raga, île d'Océanie, qui cultivent des jardins presque cachés au voyageur, car étroitement emmêlés à la vie sauvage. Les habitants ne cherchent pas à évacuer cette nature exubérante mais à composer avec elle[5].

« Partout, précise Le Clézio, à chaque instant, on découvre sous la futaie, ou dans les fourrés, des bouquets de fleurs, des plantes à parfum, des réserves médicinales[6]. »

---

5. Nous pouvons associer cette attitude à celle qui prévaut chez les autochtones d'Amazonie, espace « sauvage » au regard occidental mais qui, en réalité, est fortement anthropisé, d'une manière qui n'altère pas les possibilités de régénération du milieu, au contraire. L'anthropologue Philippe Descola explique en effet : « Bien qu'elles soient invisibles pour un observateur non averti, les conséquences de cette anthropisation sont loin d'être négligeables, notamment en ce qui concerne le taux de biodiversité, dont on a pu montrer qu'il était plus élevé dans les portions de forêt anthropogéniques que dans les portions de forêt non modifiées par l'homme. » (Cf. « Diversité biologique, diversité culturelle », *op. cit.*)
6. J.M.G. Le Clézio, *Raga, approche du continent invisible*, *op. cit.*, p. 6.

Cette forme d'agriculture puise à un autre imaginaire que celui qui inspire « l'impudence méthodique de ceux qui venaient s'approprier leur terre ». Il est d'un ordre analogue – d'un ordre humble et discret – à celui qu'expriment ces architectures d'autrefois ou d'ailleurs qui se coulent dans un paysage comme pour y disparaître et ne faire qu'un avec lui. Ceci fait également écho aux constats des anthropologues montrant, avec comme arguments des exemples empruntés à d'autres cultures, qu'il est possible de socialiser un espace sans pour autant le remodeler matériellement de fond en comble, juste en y inscrivant des symboles qui « n'existent pas en eux-mêmes tels des témoins constants d'un marquage de l'espace ; ils sont tout au plus des signatures fugaces de trajectoires biographiques, lisibles seulement par celui qui les a déposées et par le cercle de ceux qui partagent avec lui la mémoire intime d'un passé proche[7] ». Disparaître plutôt qu'apparaître partout, n'est-ce pas la voie qu'il serait bon d'emprunter ?

L'enjeu n'est pas qu'une question d'empreinte écologique ; il concerne aussi notre liberté d'exister dans un monde toujours vaste où la spontanéité du vivant serait encore possible en dehors de toute ingénierie technicienne. Pour ne pas agir trop (le moindre impact n'est pas cette posture impossible qu'est le ne rien faire) et trop détruire, une réflexion sur nos moyens technologiques et leur éventuelle limitation est à entreprendre. Le comble de la soi-disant puissance se manifeste lorsque celle-ci conduit à la destruction. L'homme ne doit plus déléguer cette puissance à des instruments et à la maîtrise technique de processus,

7. Philippe Descola, *Par-delà nature et culture*, Gallimard, 2005, p. 56.

il doit s'efforcer de la réintégrer au sein de sa conscience pour retrouver un maximum d'autonomie. Pourquoi ne pas imaginer un monde où chacun détiendrait encore une relative maîtrise de ses conditions d'existence ? Ceci n'est pas revenir en arrière, mais avancer autrement.

Bien sûr, ce principe du moindre impact, principe à la fois pratique et philosophique, devrait ne pas être qu'individuel et devenir également un principe de (non) « gestion » de l'espace adopté par les pouvoirs publics, ONG, associations, entreprises, etc. Autrement dit, il pourrait devenir un principe *politique*. Il s'agit de repenser par le vide l'ingénierie et laisser de côté le volontarisme managérial forcené qui tend à plaquer partout une volonté humaine, trop humaine, et à ne laisser aucun espace délibérément vacant. Pourquoi, en effet, vouloir toujours tout organiser ? Ne serait-il pas possible de poser la question suivante : jusqu'où organiser et quand cesser ? Et même penser à rebrousse-poil : pourquoi ne pas désorganiser l'existant ? Pas tout, une partie seulement, mais une partie conséquente. Jusqu'où ? Il semble plus que jamais nécessaire et urgent de trouver, pour nous autres humains, un équilibre entre l'organisé et l'inorganisé, pour laisser le monde souffler et trouver des formes ouvertes de créativité individuelle et sociétale, humaine et environnementale[8]. Il faut un espace suffisamment ouvert et grand pour que l'homme puisse avancer dans la vie. L'omniprésence des schémas et des formats rend logiquement la vie schématique et formatée.

Pour protéger un espace d'une fréquentation touristique

8. Je dois ici remercier Philippe Godard et renvoyer à son livre *Contre le travail*, Éditions Homnisphères, 2005.

trop importante, il existe au moins deux moyens: le plus courant et le plus insensé est d'y multiplier les réglementations, au nom de sa protection, après y avoir multiplié les voies d'accès et les aménagements, au nom de sa mise en valeur. C'est la voie contradictoire de l'agitation et de la fièvre organisatrice, la plus usitée actuellement. Une autre solution consisterait, pour ne pas avoir à réglementer faute de problèmes à résoudre, à ne pas y multiplier les routes, tunnels, parkings, hébergements, etc. Car ces accès, unis en réseaux, charrient des milliers de problèmes, outre des milliers de véhicules et de personnes. Ne pas encourager de trop nombreuses visites et n'y accueillir que les plus *motivées*, ainsi va la voie du moindre impact qui laisse moins de traces afin de moins altérer – voie minoritaire, pour ne pas dire inexistante pour l'instant.

En outre, cette solution n'est pas la plus onéreuse et le bon sens pourrait s'en emparer avec une certaine efficacité. Elle conférerait à la fonction de guide toute son ampleur, car on aurait alors besoin d'un éclaireur pour démêler l'écheveau des sentiers et déchiffrer leur absence. Mais il est exact que cette piste est étrangère à l'air du temps; elle n'est guère satisfaisante pour l'ego du décideur qui souhaite faire, faire faire et le clamer. Faire du bruit, voilà l'important. *Davantage de silence, moins de bruit.* La voie du moindre impact porte en elle une certaine sagesse par l'analyse de chaque acte et une conscience des conditionnements dont ces actes sont porteurs. *Moins d'agitation, plus de conscience.*

Entre les mailles

Paradoxalement, un monde hyper-balisé indique et dissimule à la fois. Montrer et dissimuler sont des verbes jumeaux. En effet, montrer quelque chose revient à occulter tout le reste, surtout lorsque ce sont toujours les mêmes et les mêmes choses qui s'affichent au bout des indications. Or la véritable curiosité inspire des pas de côté qui conduisent à percer des secrets, des secrets de la vie banale qui deviennent extraordinaires à force de ne pas retenir l'attention des foules. Nos voyages pourraient se nourrir des interstices qui perdurent parmi les mailles du quotidien, interstices d'ici et d'ailleurs que les circuits officiels ignorent superbement, sinon par accident. C'est finalement tant mieux : il existe encore de l'invisible dans ce monde épris de transparence et de surenchère médiatique, quelque chose d'opaque qui échappe à l'inconsistance de l'époque. L'unidimensionnalité du monde n'est heureusement pas parfaite. Qui a lu le récit des investigations urbaines de Patrick Declerck dans les rues de Paris, auprès des SDF, constatera qu'il existe encore, à proximité, de l'altérité radicale, dont on sait finalement bien peu de chose. (Qui a lu sa phénoménologie du dormir ou du déféquer dehors, au cœur de la ville, verra comment des actes anodins, invisibles, prennent dans certaines conditions une consistance hors du commun[9].)

C'est aussi cela l'exotisme, cette part de non vu, de non vécu, que le voyage, parce qu'il change les perspectives et provoque des expériences inédites, permet de découvrir et d'expérimenter malgré l'inconfort – mental plus que physique –, l'incertitude, la peur parfois. Découvrir, rencontrer, pour le meilleur et pour le pire. Être là, vraiment là, conduit

9. De Patrick Declerck, on pourra lire *Les naufragés. Avec les clochards de Paris*, Plon, 2001. Mais aussi son pamphlet, *Le sang nouveau est arrivé*, Gallimard, 2005.

la conscience au dehors, hors de nos horizons et des contours ordinaires de notre subjectivité grâce à une réceptivité pleine et entière, exacerbée par le changement de contexte, où l'on recueille le monde comme l'eau de la source dans le creux de ses mains. Une fois hors de soi, l'anodin s'entoure d'une aura particulière, il affiche sa présence à l'intérieur de la conscience. C'est ainsi que le voyage permet d'accéder à l'universel en soi, via un détour qui ouvre « les portes de la perception ». « Dans les dimensions fractales de la réalité officieuse, écrit Hakim Bey, tous les hommes – et de nombreux lieux également – demeurent singuliers et distincts[10]. » Bien entendu, cela demande l'effort d'un pas de côté, la quête d'une modification de sa conscience, phénomènes rares, non monnayables, discrets. Ces états sont peu conformes aux ébahissements autorisés et fléchés, ils échappent encore aux modélisations techniques, aux règles de l'administration, aux impératifs de rendement. Rien n'est donc acquis : les conditions d'un changement semblent peu favorables.

Mais nous pouvons être rassurés : il est probable que le projet « civilisateur » de l'occidentalisation de la planète soit en train de faillir. Les défaites qu'il contenait en germe éclatent au grand jour. Il est même des Occidentaux pour se réjouir de cette faillite, au nom d'un dialogue plus équilibré entre les peuples, au nom de la santé de la Terre et de la diversité humaine. Cet épuisement, s'il échappe aux vagues de la destruction et ne donne pas lieu à un nouvel impérialisme, permettra à la pluralité d'émerger des terreaux où elle germe tranquillement, dans une invisibilité

---

10. Hakim Bey, « Par-delà le tourisme » in *Le Bulletin de la Lettre Internationale*, automne 1996.

parfaite. Des espaces de liberté et de créativité surgiront, dans la douleur et la joie emmêlées, du démantèlement de cette vaste machinerie. Le retour du voyage dans ses grandes largeurs est peut-être pour demain !

Bibliographie

Livres :

Edward Abbey, *Désert solitaire*, Payot, 1995.

Marc Augé, *L'impossible voyage. Le tourisme et ses images*, Payot, 1997.

Jean Baudrillard, *La société de consommation*, Denoël, 1970.

Stéphane Bonnevault, *Développement insoutenable*, Éditions du Croquant, 2003.

Sylvie Brunel, *La Planète disneylandisée. Chronique d'un tour du monde*, Éditions Sciences Humaines, 2006.

Blaise Cendrars, *Moravagine*, Grasset, 1926.

Rodolphe Christin, *L'imaginaire voyageur ou l'expérience exotique*, L'Harmattan, 2000.

—, *Anatomie de l'évasion*, Homnisphères, 2005.

Pierre Clastres, *Recherches d'anthropologie politique*, Le Seuil, 1980.

Philippe Curval, *Rasta solitude*, Flammarion, 2003.

Pascal Cuvelier, *Anciennes et nouvelles formes de tourisme*, L'Harmattan, 1998.

Yves Cochet, *Pétrole Apocalypse*, Fayard, 2005.

Patrick Declerck, *Les naufragés. Avec les clochards de Paris*, Plon, Terre Humaine, 2001.

—, *Le sang nouveau est arrivé, L'horreur SDF*, Gallimard, 2005.

Philippe Descola, *Par-delà nature et culture,* Gallimard, 2005.
Gilbert Durand, *Les structures anthropologiques de l'imaginaire,* Bordas, 1969.
Vincent de Gaulejac, *La société malade de la gestion.* Seuil, 2005.
Patrick Gillet, *La Tyrannie de l'automobile,* Homnisphères, 2007.
Philippe Godard, *Contre le travail,* Homnisphères, 2005.
Ray Hammond, *Le monde en 2030,* Éditions Yago, 2008.
Ivan Illich, *Dans le miroir du passé,* Descartes & Cie, 1994.
Éric Julien, *Le chemin des neuf mondes,* Albin Michel, 2001.
Serge Latouche, *L'occidentalisation du monde,* La Découverte, 1989.
Iain Levison, *Tribulations d'un précaire,* Liana Lévi, 2007.
Jean-Marie-Gustave Le Clézio, *Raga, approche du monde invisible,* Seuil, 2006.
Franck Michel, *Désirs d'ailleurs,* Armand Colin, 2000.
—, *Planète sexe,* Homnisphères, 2006.
Karl Polanyi, *La Grande Transformation. Aux origines politiques et économiques de notre temps*, Gallimard, 1983.
Élisée Reclus, *Du sentiment de la nature dans les sociétés modernes,* Premières Pierres, 2002.
Gilbert Rist, *Le Développement. Histoire d'une croyance occidentale,* Presses de Sciences Po, 2001.
Etienne Rodin, *Produisez, consentez ! Critique de l'idéologie managériale.* Homnisphères, 2007.
René Schérer, *Utopies nomades,* Séguier, 1996.
Moritz Thomsen, *Le Plaisir le plus triste,* Phébus, 2003.
Jean-Didier Urbain, *L'idiot du voyage,* Payot, 1993.
Joël Vernet (texte), Michel Castermans (photographies), *La Montagne dans le dos,* Le Temps Qu'il Fait, 2005.
Jean Viard, *Court traité sur les vacances, les voyages et l'hospitalité des lieux,* L'Aube, 2000.
Max Weber, *Le savant et le politique,* Christian Bourgois, 1959.

Revues et ouvrages collectifs :

Bulletin de la lettre internationale, automne 1996.

Ethnies n°s 24-25, printemps 1999, *Nature sauvage, nature sauvée ? Écologie et peuples autochtones.*

Ethnies n°s 31-32, printemps 2005, *Guyane : le renouveau amérindien.*

Habiter son pays. Question immobilière et foncière en Pays Basque Nord. Pejo Etcheverry-Aintchart, Maite Goyehenetche et Pierre Vissler, Éditions Gatuzain, 2006.

La Revue Durable n° 21, juillet-août-septembre 2006.

Monde 2, dossier du 27 octobre 2007, *Ils veulent mettre le monde sous cloche.*

Mountain Wilderness n° 67, été 2006 : *Installations obsolètes : une nouvelle étape à franchir.*

Offensive n° 14, mai 2007, *L'Horreur touristique.*

Villes, voyages, voyageurs. Actes de la rencontre de Villeurbanne, L'Harmattan, 2005.

Sites internet :

Aventuriers du Bout du Monde : www.abm.fr

Greenpeace : www.greenpeace.org

Organisation Mondiale du Tourisme : www.unwto.org

Cabinet Tec Conseil (bureau d'études spécialisé sur les questions touristiques) : www.tec-conseil.com

Mountain Wilderness : www.france.mountainwilderness.org

LES ÉDITIONS
écosociété
MONTRÉAL

Faites circuler nos livres.

Discutez-en avec d'autres personnes.

Si vous avez des commentaires, faites-les-nous parvenir; il nous fera plaisir de les communiquer aux auteurs et à notre comité éditorial.

Les Éditions Écosociété
C.P. 32052, comptoir Saint-André
Montréal (Québec) H2L 4Y5

Courriel: info@ecosociete.org
Toile: www.ecosociete.org

NOS DIFFUSEURS

EN AMÉRIQUE

Diffusion Dimédia inc.
539, boulevard Lebeau
Saint-Laurent (Québec) H4N 1S2
Téléphone: (514) 336-3941
Télécopieur: (514) 331-3916
Courriel: general@dimedia.qc.ca

EN FRANCE et EN BELGIQUE

DG Diffusion
ZI de Bogues
31750 Escalquens
Téléphone: 05 61 00 09 99
Télécopieur: 05 61 00 23 12
Courriel: dg@dgdiffusion.com

EN SUISSE

Servidis S.A
Chemin des Chalets
1279 Chavannes-de-Bogis
Téléphone et télécopieur: 022 960 95 25
Courriel: commandes@servidis.ch

FSC
Recyclé
Contribue à l'utilisation responsable des ressources forestières
www.fsc.org Cert no. SGS-COC-2624
© 1996 Forest Stewardship Council
100%

Achevé d'imprimer
en février deux mille dix, sur les presses
de l'imprimerie Gauvin, Gatineau, Québec